学一点　再创业

# 零售新模式

帅季华　蒋萌　著

长江出版传媒　湖北科学技术出版社
Hubei Science & Technology Press

**图书在版编目（CIP）数据**

零售新模式 / 帅季华，蒋萌著．— 武汉：湖北科学技术出版社，2016.6

（学一点再创业）

ISBN 978-7-5352-8503-4

Ⅰ．①零… Ⅱ．①帅… ②蒋… Ⅲ．①零售商业 – 商业模式 – 研究 Ⅳ．① F713.32

中国版本图书馆 CIP 数据核字（2016）第 058562 号

责任编辑：许可　　　　封面设计：冯建华

出版发行：湖北科学技术出版社　　　　电　　话：027-87679468

地　　址：武汉市雄楚大街 268 号　　　　邮　　编：430070

（湖北出版文化城 B 座 13–14 层）

网　　址：http://www.hbstp.com.cn

印　　刷：北京玥实印刷有限公司　　　　邮政编码：101300

787×1092　1/16　　13 印张　　186 千字

2016 年 6 月第 1 版　　2016 年 6 月第 1 次印刷

定　　价：39.80 元

# 前言

作为与百姓生活息息相关的一个产业，传统零售业从起步到成熟，现在进入了成熟期末端的衰退期。

没有一个行业像零售业这样利薄如纸却又高度竞争。据统计，2015 年上半年全国大型零售企业共计关店 121 家。关闭的企业有百货，也有超市，如万达百货、金鹰、世纪联华、家乐福……

一半是海水，一半是火焰。2015 年，在关店大潮中，大型零售企业又新开门店 208 家。这预示着我国零售业正在经历着前所未有的腥风血雨。

在我国，有超过 5 亿的智能手机用户，其中 55% 的用户使用手机支付。这个消费习惯正在改变零售业格局。国家商务部数据显示，2014 年实现社会消费品零售总额 26.2 万亿元，其中电子商务交易额占据半壁江山（包括 B2B 和网络零售），约为 13 万亿元，同比增长 25%。2015 年，电子商务交易总额更是超过了 20 万亿。

那些率先拥抱互联网的零售商尝到了甜头。2015 年一季度，苏宁的总体销售增长超过 30％，其中网购平台增幅超过了 100％，移动端订单线上占比接近 50％。苏宁云商董事长张近东说："现在看来，有基础的传统实体店通过线上转型以后，竞争力比以前更强。"

购物是感官之旅，是体验之旅，尽管在线和移动购物方便快捷，但实体店的诱惑力还是很大。调查显示，中国的消费者对于"在家购物并立即使用"的偏好比例为 41%，而对于"查看、触摸和比较产品"的偏好比例占到 66%，因此，摆在零售商面前的一个大好机会是转变商店体验。

竞争无处不在，不分线上线下。不管是传统零售商还是网络零售商，都应该打破线上线下的藩篱，跨越购物的传统边界，采用更适合时代与自身的发展模式。当然，这绝不会是一条坦途，而是一场必须接受的挑战。

本书为广大读者详细解读了当前中国零售企业商业模式的详细案例，通过这些案例向大家展示了当下零售业最火的 8 种商业模式，包括："互联网 +"模式、低价模式、快速模式、特色模式、社群模式、平台模式、生态圈模式、大数据模式。希望关心中国零售业发展的读者能从中更好地了解中国零售业当前的发展状况，也希望能给从业者们一点启发，从而创造出更好的商业模式，积极推动中国零售行业的发展。

新生态，新未来，新起点，新势力。到 2018 年，中国将成为世界上最大的零售市场。2018 年中国智能手机用户将首次超过 7 亿。移动互联网下的消费者，可以随时随地购物，零售商们，准备好了吗?

目录

第1章

# 复盘：5种力量助推零售业商业模式变革

国际化与信息化是世界经济发展的趋势。在这种趋势下，零售业态也正在经历着一次前所未有的升华与蜕变。传统零售业与电子商务的融合越加明显，催生了新的商业模式，促进了零售业态的转型与变革。在这股巨大的“互联网+”浪潮中，移动互联网、物联网、大数据、云计算等信息技术手段产生了巨大的能量。

## 移动互联网的力量：移动端带来的海啸

造物主赐予了我们10根灵巧的手指，我们却只用两根拇指玩手机。以智能手机为主的移动终端将人、机器、时间、地点和支付合为一体，彻底改变了人们的消费行为方式。

有了移动终端，人们不再需要专门抽出一段时间去购物，而是随时随地可以购物。有了移动终端，人们不再迷信商家的广告，而是更信任朋友圈分享的使用心得与商品栏目下的点评。通过移动终端，人们可以轻易找到附近的心仪的店面，可以通过扫码进行价格对比，可以直接完成支付。

因为有了移动终端，消费者的话语权得到了指数级的增长。每一台智能手机（平板电脑）对应的是一个真实的、唯一的人，每个人随时随地都是信息的接收者，也是信息的创造与传播者。每个商家、每一个体，都可以成为重要的信息联结与互动的节点。用户在消费后，会将体验发布在商家的平台上，如QQ群、微博或朋友圈。一个好评或美妙的购物分享，能轻易给商家带来一批新客户；反之，会给商家带来不可估量的损失。

2014年，我国在使用的智能手机超过5亿部，其中55%的手机有移动支付习惯。预计2018年，将有7亿部智能手机在使用。移动互联网时代的供需关系正在发生着变化。传统的零售业销售模式是B2C，我生产什么，你买什么；而现在是C2B，我需要什么，你生产什么。C2B向人们昭示着，销售模式将由以零售商占主导转变为消费者占主导，消费者可以按照自己的需求跟商家定制，商家再根据定制的数据生产商品，在这个模式下可以从根本上得到改善乃至解决零售商的存货问题。以前消费者觉得定制的成本比较高，但现在可以使用网络途径及大数据[1]分析，进行批量生

[1] 大数据（big data），又称为巨量资料，是无法在可承受的时间内用常规软件工具进行捕捉、管理和处理的数据集合，是需要新处理模式才能具有更强的决策力、洞察发现力和流程优化能力的海量、高增长率和多样化的信息资产。具有5V特点：大量（volume）、高速（velocity）、多样（variety）、价值（value）、真实（veracity）。

产，降低定制的成本，从而达到规模经济增长。

阿里巴巴正在从B2C（企业对用户）全面走向C2B（用户对企业）。天猫2012年推出了预售频道，2013年还试验了以C2B的方式卖奶粉。在消费者方面，阿里巴巴提供给他们一个成熟、可靠并且足够安全的环境进行网购，让消费者感觉从获取信息到进行支付再到物流方面都无比方便，这样有助于激发消费者进行网购的兴趣；而在供应商方面，阿里巴巴通过对数据进行分析，能够精准“预知”消费者的兴趣爱好及需求状态，而且能够在最短的时间内指导线上供应商对资源进行调整配置以满足消费者需求。这样，传统的供应与需求关系得到改变。目前，业界称阿里巴巴的这个模式为“服务平台型电商”。

移动互联网之下，营销方式也发生了变化。与传统营销相比，移动互联网营销（见图1-1）具有成本较低、受众范围广、传播速度快、促销手段丰富等特点，例如微博营销、微信营销、社交营销、应用商店等方式。而且移动互联网营销更有利于提升精准化营销。由于网购数据是留痕的，所以可以对线上消费者的行为数据进行分析，做到精确营销。APP、二维码等全新的方式不仅灵活，而且目标受众准确。

图1-1 移动互联网营销

移动互联网零售时代已经到来，做移动电商不是简单地把PC端数据搬到移动端那么简单，而是要充分认识到技术和用户需求的重要性，从而改变商业模式。随着移动互联网的深入发展，越来越多的商家意识到电商不是销售手段，而是核心战略，是从商的基础能力。可以说，移动互联网对于零售企业来说，是挑战，更是难得的机遇。移动互联网使零售业线上与线下融合发展的趋势越来越明显。消费者可以在线下店、线上店、移动商店、社交商店等各种渠道存在，商业中心也从以商户为中心逐渐过渡到以消费者为中心的时代。新的零售业态正在形成，最终将形成一个以消费者为中心的“超级店＋社区店＋网店＋物流配送网”的全渠道架构。

**零售公开课**

要想改变口袋，先要改变脑袋。这个社会一直在淘汰有学历的人，但是不会淘汰有学习力的人。

## 万物互联的力量：产品互联—信息互联—人类互联

国际电信联盟早在2005年就描绘了“物联网”时代的图景：当司机出现操作失误时汽车会自动报警；公文包会提醒主人忘带了什么东西；衣服会“告诉”洗衣机对颜色和水温的要求；智能冰箱可以实现自动订货，可直接与你附近的超市连接起来，冰箱会根据你的品牌喜好、购物倾向，直接下订单，等等。总之，在未来，人、机器、植物、手机、交通工具、家居用品等，世界上几乎所有东西都会超越空间和时间的限制，连接在一起。

这是十几年前人们对物联网应用的美好畅想，现在逐渐变成现实。人与人已经联网，物与物开始联网，人与物也可以联网。他们相互连接起来，建立起一张连接世界上万事万物的互联网。万物万联的力量正以我们想象不到的速度，推动着第三次零售革命的到来，重塑全球商业文明的未来。

物联网通过各种信息传感设备，实现所有物品与网络的连接，方便对他们进行智能化识别、定位、管理和控制，最终赋予物体智能。物联网可以实现任何人与任何物体之间，以及任何物体与物体之间的沟通和对话。简单点说，物联网就是互联网与物理世界互通并且前者慢慢延伸进入后者。从本质上看，物联网是一个大规模的信息系统，它以互联网为基础，目标是提高物理世界运行、管理水平，并且使资源得到合理、高效的利用，以达到能够智能连接、管理物理世界。

世界上存在各种各样的生态系统，例如大自然是一种系统，人类是一种系统，工业是一种系统，信息产业也是一种系统。每种生态系统都是相对独立的，都有自己的结构和运行规律，并不断地发展，循环平衡。而在物联网发展下，这些系统将打破原来的界限，走向共融，共同组建一个“大生态系统”，也就是万物互联。

其实物联网之所以可以实现人和物的沟通，是以传感器技术的不断进步为基础的。传感器是获取自然领域和生产领域中信息的主要途径与手段。就像我们人类依靠五官感觉从外界获取信息，然后再经过大脑分析一样，只不过如今是通过传感器收集并且输出信息。物联网之所以可以影响到各行各业，就是因为人们正在把传感器植入到任何设备中，例如机器、家居用品、家电、交通和医疗设备等。从茫茫太空，到深邃海底，人类将触及的每一个角落都安装了传感器，以了解并且管理整个世界，甚至整个宇宙。

因为安置了数量较多的传感器，而每个传感器都可用来采集信息，并且具有较高的实时性，所以其可以按照固定的时间、周期进行环境信息的采集，并且实时更新，再将采集到的数据传到互联网，互联网再利用云计算之类的新技术管理和控制设备。这样，就完整融合了人类及物理系统。由此可知，人类的生活水平及生活体验感还能有很大幅度的提高，生活将会更加精彩、动态，享受感将会达到更高的层次。

传感器是物联网的先决条件，而“互联”仍是物联网的核心。信息收集之后，更重要的是分析信息，有效利用信息。这种技术应用到零售领域，对于用户管理、库存管理、物流管理等都起到了非常重要的作用。

在零售行业，很多商品开始用射频识别标签。这种标签类似于现在的条形码，但是它们可用于无线环境中。实体店使用这种标签，就能有效地追踪库存，更新商品信息。这样无疑使零售商节约了人工成本，提高了市场反应能力，增强了竞争力。

随着技术发展，技术集成水平越来越高，在更小空间内可以载入更多技术和功能。这种技术应用于各种硬件设备，例如手机、平板电脑、电视机、显示器等。它们具有更加轻薄短小的特征，而功能却越来越强大。物联技术的研发和应用，对于零售业打造自己的生态链，增强行业竞争能力起到了关键作用。

三星最近发布了两款最新的物联网传感器：一款是可以测出20多种气味的传感器；另一款是可以测出3D距离的传感器。另外，三星已经宣布：在2020年之前三星将把旗下的所有产品联网。

我们提出的智能交通、智能家居等智能概念，都是以物联网为基础的。未来的世界里，每一件物体都有传感器，一切物体都是可控、可交流的。而人为的因素会越来越少，整个物理世界的秩序更为规则，形成一个社会性的“大生态系统”。

苹果正在推进其HomeKit智能家居平台。苹果日前已经完成旗下HomeKit智能家居平台硬件规格标准的制定工作，并将通过苹果MFi认证，计划向智能家居设备合作商全面开放这一平台。许多第三方设备制造商将可以为苹果iOS系列设备推出大量智能家居产品。例如风扇、车库门、电灯、锁、电源插座、数字开关及恒温器等家用设备。HomeKit是一个能与物联网设备相连的智能家居平台，而用户则可以控制使用这些设备。

马化腾认为，未来，“互联网+”生态将构建在万物互联的基础之上。

万物万联将建设一种绿色、共享经济。在这种技术和趋势之下，我们可以高效对接供需资源，提升闲置资源利用率，实现节能环保。例如现在的网上拼车、二手交易、家政服务等领域的创新表现，就是优化利用社会闲置资源、解决现代城市难题的新生态经济。万物万联将促进开放协作，跨界融合。数据开放、云平台，这些信息技术可以把各自独立的生态系统链接为一个大的生态体系，让更多传统行业在这个体系中共生、发展。

随着移动互联网的兴起，产品互联、信息互联、人类互联，互联网已经不再是虚拟经济，而是实实在在的生产力，是经济社会不可分割的一部分，而建立在万物万联基础上的一切业态都将发生翻天覆地的巨变。互联网与万物共生共存，而人类将享受到前所未有的智能化体验。

**零售公开课**

这个世界唯一不变的就是变！只有改变才有未来。我们都要不断地改变和修正自己的方法，使我们能够更快更好地到达我们想要去的地方。

未来的零售市场，也将建立在万物互联的基础之上，人类将迎来前所未有的智能化体验时代。万物互联时代，整个商品世界的秩序都将进行一次重建，对于零售企业来说，这未尝不是一次机会。

## 大数据的力量：零售，大数据的新体验场

大数据是一种新技术，以数据收集、监控和分析为主。大数据技术的战略意义不在于掌握庞大的数据信息，而在于对这些有意义的数据进行专业化处理，形成相关产业的盈利能力，这才是大数据技术的意义所在。企业也逐渐意识到可以利用大数据的力量来建立竞争优势。

零售业的最大特征是销售网点比较分散，而且数量不在少数；其次是商品的品种类别丰富，因此消费者类型也不一样，总体上来说消费者也多。由此可见零售行业更需要大数据来支撑自己的营销。进入全零售时代，商家几乎天天使用刷卡机，每天在电商平台进行营销，而且还会通过店内的无线网来吸引客户购买等。在这些平台上，每天都会产生庞大的数据，综合起来会形成一个数据库。而每天所搜集或者产生的数据对大数据来说都是基础，企业通过分析大数据，提取有用的数据，同时也可以通过不利的数据来指导自己改善工作，从而创造出更多的财富。

大数据应用对于零售业的改变有以下几个方面（见图1-2）：

分析用户数据，进行精准营销。围绕用户购买行为的数据是整个零售业大数据应用的核心。随着智能手机的普及，只需要在零售卖场布局一些路由器，就可以很容易地利用WIFI技术去探测到客户数据，这样打通线上线下，采集会员的信息非常容易。零售商只需要搭建数据模型和算法，将用户属性反馈到后台系统。而接下来就将各种促销信息、优惠券，有的放矢地推送到相应的用户的移动终端上，从而精准地引导用户在实体门店完成消费。例如银泰百货和万达百货已经实现店铺全场WIFI覆盖。

对于店铺的管理。根据用户在店铺的消费轨迹进行跟踪、分析，分析门店热点，优化卖场布局；根据客流、商圈数据指导店铺选址，等等。

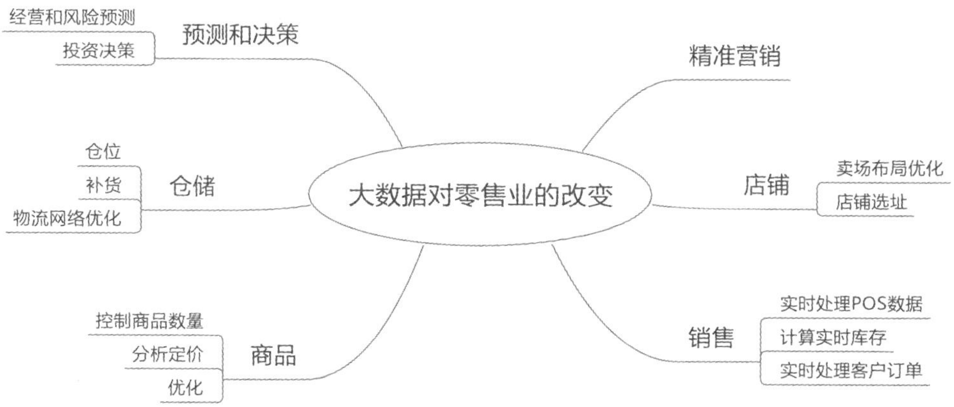


图1-2 大数据对零售业的改变

对于销售环节的管理。实时处理各门店的POS数据，计算实时库存，实时处理客户订单，快速高效，解决订单高峰拥堵的状况。

对于商品的管控。根据商品出入库信息、用户购买信息等，控制商品数量，分析定价和提出优化建议。

对于仓储的管控。根据海量订单数据，进行仓位决策、提供补货建议；利用销售、客户等信息优化物流网络设计。

零售企业还可以依靠大数据技术，分析财务数据和业务数据，以指导经营和做风险预测，为管理层的商业投资决策提供依据。

目前中国已成为世界第二大零售市场。消费品总零售额从2008年的11.4万亿元增长到2013年的23.4万亿元。某杂志在2015年报道称，中国有望在5年内超越美国成为世界第一大消费市场。毕马威中国认为：当今零售及消费品业市场竞争激烈，各公司经历的剧变前所未有，面对消费者要求日渐提高、零售商全球扩充业务、新技术出现等课题，零售及消费品业公司需要以更快的速度做出回应。随着大数据的兴起，数据和科技必将改变中国的零售业。

随着大数据技术的兴起，部分精明的零售商开始尝试布局WIFI追踪用户的手机信号，利用视频技术判断客户的年龄，借助一些科技手段来辅助零售，等等。2015年在上海展览中心举办的第三届上海国际零售设备与科技展览会上，展出了大批供应商的零售技术、设备、市场服务、数字营销与电商解决方案、陈列和零售空间设计等，这些零售新技术的应用，必将给零售业带来一场大规模的技术变革。

大数据已经改变了零售业。随着90后、00后购物者长大并成为社会中坚力量，他们会有不同的购物习惯与认知，移动客户端更能贴近他们的生活。未来的零售业主宰将转移到移动端。连锁超市经营代替传统百货业是第一次零售业的革命；而线上销售代替线下实体店迎来第二次零售业的电商狂潮；移动端代替PC端必将引起第三次零售业的变革。而此次变革并非只是模式或渠道上的革新，而是由互联网、移动互联网、云计算、大数据技术、数据分析与应用等推动的全方位的零售业革命。未来考验零售企业的不只是零供关系[1]，还有对用户信息的挖掘、供应链整合是否高效等，因此信息技术水平的高低成为获得竞争优势的关键。不论是国际零售巨头，还是本土零售品牌，要想立于不败之地，就必须利用好大数据技术为客户带来更好的消费体验。

**零售公开课**

> 别人不明白的时候你明白了，别人明白的时候你行动了，别人行动的时候你成功了，别人成功的时候你富有了。
>
> 信息技术水平的高低将成为零售企业竞争水平和能力的关键。有鉴于此，零售企业必须提高获取数据和运用数据的能力。

## 工业4.0的力量：让一切生产制造成为可能

工业4.0是第四次工业革命的前奏，以信息物理融合系统为基础，以生产高度数字化、网络化、机器自组织为标志。“工业4.0”概念首先由德国政府提出的一个高科技战略计划，在欧洲乃至全球工业领域引起了极大的关注和认同。2015年，国务院审议通过《中国制造2025》规划，该规划明确了9项战略任务和重点，计划2025年迈入制造强国行列。中国制造业将迈入新的发展阶段。

人类历史上先后发生了3次工业革命。第一次工业革命发生在18世纪60年代到19世纪中期，人类进入蒸汽时代，带领着农耕文明向工业文明过渡；第二次工业革命，19世纪下半叶到20世纪初，创造了电气时代，

[1] 零供关系，即零售商与供应商的关系。

在这110年间，电力、钢铁、铁路、化工、汽车等重工业兴起，石油成为新能源。20世纪后半期至今是第三次工业革命，人类进入信息时代，我们今天身处的时代依然属于第三次工业革命时期，这个时期的网络技术让全球信息和资源交流变得更为迅速。

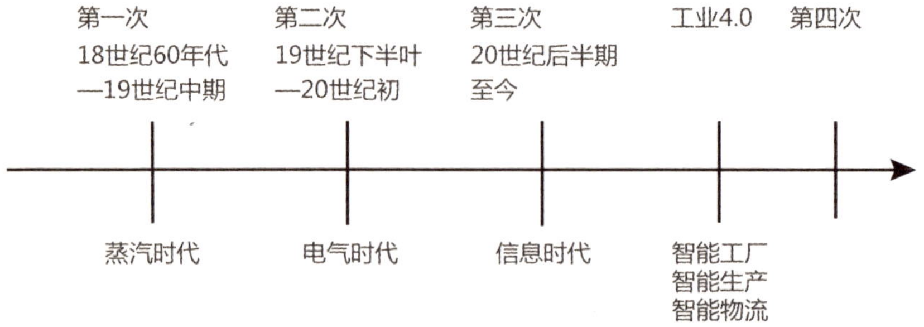


**图1-3　工业革命**

《中国制造2025》与“互联网+”是相辅相成的。互联网技术加速了工业化的步伐，使全球经济趋于整体化的进程中，增强国家、区域的优势，更利于分工协作，省去中间环节，打造优势产业链，加快相关产业的集聚与联合，进一步辅助智能工厂、智能生产和智能物流，促进工业发展进程。《中国制造2025》提出从中国制造变为中国创造，注重创新能力，提高工艺水平和产品质量，推进智能制造、绿色制造，这也是工业4.0的要求。

因此，我们强调要成为创造者，而不只是制造者，要通过自己的努力自主研发、设计、投产，覆盖整体供应链的上、中、下游，创造出“绿色”生产设备和产品，创造出“绿色”的生产力。随着自身综合实力的增强，中国也要从“世界工厂”转向“世界研发中心”，成为工业4.0的主导力量之一，以加速“中国制造2025”。

这场产业革命的目的之一就是提高生产效率。传统工业世界里是流水线、自动化生产，而工业4.0时代，人、数据和机器三者相互联系，形成一个开放的生态系统，而大数据可以帮助企业对生产中复杂多变的状况做出精准的判断和实时反应。

据有关数据测算，通过引入产业物联网，企业可将生产效率提升30%。因为新的技术可以带来智能化的制造方式。比如3D打印技术，就可以使原来两周才能完成的产品在几分钟内立刻实现。

工业4.0更重要的意义在于和用户建立起有意义的联系，让企业能为用户创造更大的价值。在这个过程中，一些具有创新能力的公司不仅仅卖产品，还延伸至卖服务。为用户提供的服务是基于大数据和技术革命的产品服务。而用户会愿意为你的产品支付更多钱。你可以获得更多的利润，而且会占领更好的市场位置。

工业时代是以厂商为中心的B2C模式，未来是以消费者为中心的，也就是C2B和C2M（客户到制造商）模式。在C2M模式下，消费者在制造企业自己的营销平台上直接下单。在信息系统支持下，工厂接收消费者的个性化需求订单，企业根据需求设计、采购、生产、发货。这种模式减少了流通环节，节省了成本，降低了销售价格，扩大了生产商的利润空间。

工业4.0将引发的是整个社会的再次分工。因为信息时代的新商业模式是消费者驱动的。以数据中心为核心的整个产业生态链变得更短了，只需要有类似58同城、微店这样的电商导流，中间的销售渠道已经无需存在。原有的硬件制造商、软件开发商、设备生产商等，也都将发生变化。现在某些芯片厂商可以直接跨过软件提供商和集成商，面向用户需求提供方案。

零售企业处在生产下游，直接面向消费者，再反向影响它的上游，从服装、酒水等快消品的制造商，到为这些制造商生产标签、包装的材料公司。与零售商不同，制造商一般都离用户较远。例如一个汽车生产企业是不会认识买车的用户的。汽车工程师都是从技术的角度考虑汽车的改进，而不是从用户的角度来考虑问题。而信息技术的发展，就可以把汽车生产商和用户联系在一起。这是制造商们面临的最大的挑战。

工业4.0关键的一点，是要充分认识并且服务于用户，而其他一切的演变都是建立在这个基础上的。

工业4.0对于传统制造业的改变是从内容到形式的颠覆。那么作为传统零售业，如何在工业4.0的巨潮中保持优势地位，而不被淘汰呢？

首先要建立起自己的生态系统。在一个相互关联的互联网世界里，你需要收集信息，分析信息，反馈信息，建立起一个以大数据为核心的 IT 基础设施。你的产品相当于数据终端，那么从用户需求到产品的过程，你需要不同的人才和技术。例如苹果公司，如果没有苹果应用系统，没有所有研发 APP 的人员，那么 iPhone 也就只是一部可以打电话的手机而已。因为苹果自己形成了一个巨大的硬件、软件、系统、平台相关联的生态系统，所以 iPhone 的强大为世人瞩目。

其次要有创新能力。新的时代、新的形势、新的技术，一定要有新的思维才能与之适应。现在，所有的制造企业都在想尽办法在它们的产品上使用智能联网的技术，一些有创新想法并且有能力变成实践的企业往往更具优势。例如一个创业公司制造了智能温控器，用户即使出门在外，也可以通过手机 APP 随时控制家里和办公室的温度。那么，制造传统室温控制系统的产业商们就面临着危机，如果不能提供智能互联的产品，就会被市场淘汰。

**零售公开课**

改变自己，才可改变世界。

工业 4.0 对于传统制造业的改变是从内容到形式的颠覆。

零售业只有认识到这种变化并且积极改变、升级，才有可能完成优化升级。

## 社交的力量：从大众经济学到粉丝经济学

粉丝是由外来语“fans”演变而来，指那些狂热的追随者。“粉丝经济”曾经是娱乐产业的专有名词。如今，“粉丝经济”在移动互联网的大趋势之下被赋予了全新的意义。粉丝经济以一种区别于以往的商业模式占据了互联网时代的主流，成为商业变现的利器。小米、苹果等商业品牌，罗辑思维等自媒体，伟大的安妮等移动互联网产品，无一不是粉丝经济的优秀例证，他们从真正意义上实现了利用粉丝经济实现收益。

粉丝经济是一种全新的营销方式。因为粉丝在移动互联网时代可以充分利用移动时代的便捷工具，发挥最大作用，随时随地与生活产生最强关联。一个品牌的塑造离不开粉丝的支持，粉丝对该品牌的支持力度在一定程度上决定了品牌的走红程度。因为粉丝对于某个品牌的喜爱是由衷的、自发的，他们会通过各种自媒体传达自己的感受，使某个品牌知名度迅速打开，粉丝会以几何级数呈爆炸式的增长。

小米是互联网时代第一个把粉丝经济运用到极致的公司，取得了巨大的成功。接着，移动互联网时代的自媒体热潮让粉丝经济更上一层楼。“1000个粉丝”理论是支撑自媒体热的理论基础。凯文·凯利曾提出“1000个铁杆粉丝”理论，他认为任何一个从事创作或艺术工作的人，只要拥有1000个铁杆粉丝，就是那些会买你全部产品的人；只要搞定他们，就能生存了。

罗辑思维可以说是1000个铁杆粉丝的坚定实践者。罗辑思维在2012年12月21日开始运行，在运行不到一年时间内，其公众平台的粉丝就涨到了50万，令他们没想到的这一惊人数目让罗辑思维看到了前景，于是他们在2013年8月推出会员收费制度，更令他们没想到的是5500个会员名额竟在几小时内就被“洗劫一空”，这在同行业中简直成了神话。

互联网时代的本质就是粉丝经济。战争年代的实力看兵力强弱，经济时代的实力看资本多少，而自媒体时代则看粉丝多少。俗话说三人成众，粉丝就是力量。每个人都可以是别人的粉丝，每个人也都希望自己的粉丝如云。哪怕你只是一个草根，但只要你拥有了巨量粉丝，你就可以有强大的影响力。而在此基础之上，就可以实现真正意义上的变现。

粉丝经济也就是将营销转化为价值。粉丝对于品牌的影响力，将越发重要，他们愿意为自己喜爱的品牌买单。粉丝是最优质的目标消费者，他们不是一般的爱好者，而是狂热的痴迷者，“因为喜欢，所以喜欢”，喜欢不需要道理。与感情因素相结合的营销，即使是有缺憾的产品也一样会被接受。而且，移动互联时代的粉丝会爱屋及乌，从产品本身到相关的周边产品，他们都会收入囊中，毫不介意付出。因此粉丝消费随时都会创造出极高的经济效益。谁掌握了粉丝，谁就找到了致富的金矿。

郭敬明的电影《小时代》从专业的角度被很多人批评，但这并不妨碍它创造高票房的神话。郭敬明粉丝群体的平均年龄只有22岁，正因为大量的90后粉丝的狂热，《小时代1》《小时代2》才创造出累计超过7亿元的票房神话。如今《小时代3》票房超过5亿元，《小时代4》也已经上映，上演又一出票房神话。不管多少人从艺术角度、专业角度说三道四，却依然挡不住粉丝的一路追捧。“粉丝电影”成为一种新的类型片，主打粉丝群体。观众不是因为故事情节去看电影，而是奔着他们喜爱的人而去。

粉丝经济的带来者是一批基数庞大的年轻用户，他们年轻、活跃，具备一定的消费能力，愿意为创意、趣味、内容买单，他们不介意那些真正符合他们特性和需求的创意广告。无论是产品端的付费变现，还是流量广告变现，他们都是真正意义上的移动互联网行业的优质用户。那么如何进一步挖掘粉丝经济的潜能，考验从商者的能力。如何全面挖掘粉丝经济的强大能量，也将是企业在未来赢得优势地位的突破口。

对于商家来说，要了解粉丝的潜在需求，定制粉丝专属的产品，与粉丝互动，培养粉丝的参与感，让粉丝加入品牌的塑造过程中，这是移动互联网最有可能实现的价值。参与和体验才是移动互联时代粉丝经济的关键。粉丝不仅是产品的消费者，而且还是下一个新产品的制造者。

社交媒体的兴盛正使大众传播方式发生深刻的变化，移动互联网不是单向传播，而是双向互动，多向传播。粉丝数量不仅意味着影响力，还意味着经济价值。但是粉丝也是善变的一个群体，今天他在关注你，明天也许就取消关注了。他们的“关注”，意味着兴趣和潜在购买行为，而取消关注则意味着需求的转移。那么，你的产品流失的就不仅仅是一个潜在用户，还有可能是他周围的同事、朋友等。因此，要想从粉丝身上获益，就必须善于经营粉丝。粉丝经济学也堪称移动互联时代商家必备的技能。

## 零售公开课

人最大的敌人是自己。只有战胜自己，才能战胜困难！

零售企业唯有拥抱变化，适应当前丰富发展的社交媒体以及粉丝效应，才有可能真正让产品走进大众视野，并带来正向的传播力量。

# 第2章

# "互联网+"模式：抢占风口，借互联网突围

雷军曾经说过，站在风口上，猪都能飞起来。如今，“互联网 +”已经成为传统企业转型、升级的巨大风口，站在这个风口上，诸多企业都将迎来自己的第二个春天。对于零售企业来说，“互联网 +”不仅提供了一个新常态下的转型路径，同时也带来了更多的发展契机。

# 亿超眼镜：互联网＋眼镜，上门配镜颠覆传统

移动互联网的普及带动O2O[1]创业迅速兴起，洗车、餐饮、美甲……一大波互联网创业者涌入各个垂直领域进行O2O创业，随之诞生的就是一大波被称为“懒人”模式的上门服务。洗车可以上门，推拿可以上门，可曾有人想过配眼镜也能提供O2O上门服务？垂直领域的O2O上门风改变了人们的生活习惯，也改变着行业的商业模式。

## 60后“好奇大叔”的互联网尝试

顺势而为则生，逆势而动则亡。对于社会发展的进程来说，这无异于一条金科玉律。在商业竞争中也同样适合。众所周知的华为公司从1987年到如今，屹立28年不倒，就是因为在面临一次次社会变革的时候，能够及时改变自己，以适应不断变化的世界形势和商业形式。雷军的著名的“风口”理论说的就是顺势而为的问题。同样是卖手机，小米公司用互联网思维卖手机，塑造了一个小米神话；诺基亚、摩托罗拉曾经多么辉煌，几乎是一代人的身份象征，然而却在新的形势下销声匿迹。这也让大家清醒地看到，商业大潮瞬息万变，只有迎头赶上才能确立自己在某个行业某个领域的地位。墨守成规、故步自封只能被市场淘汰。

亿超眼镜上门配镜，把传统行业导向O2O，本身就是一个奇迹。而更让人吃惊的是，亿超眼镜的CEO李昌利竟然是一位60后大叔。李昌利说他这个人最大的特点就是好奇心强，凡是新奇的东西都想去学习和尝试。当20世纪90年代互联网进入中国的时候，李昌利便对互联网产生了浓厚的兴趣，他属于中国比较早触网的那一拨人。李昌利从16岁就开始从事

[1] O2O字面上的意思是online to offline以及offline to online，是指线上与线下相结合的电子商务。

眼镜行业。多年的从商经历和对互联网的敏感，让他意识到传统行业正在面临一场巨变。而移动互联网的普及正在加速传统行业的变革。在这种形势下，如果不能与时俱进，探究新的商业模式，就会被时代所淘汰。

李昌利是一个热爱学习的人。他说："吴晓波的《大败局》对我影响很深，一时的成功或许相对容易，但持续的成功十分艰难。我需要不断地学习，这样亿超才能走得长、走得远。"随着O2O时代的全面到来，眼镜行业上门配镜，也跨入了O2O的行列。这种模式不但节约了用户的时间，为用户带来便利，而且在一定程度上改变了人们的消费方式。

## O2O突破传统眼镜业瓶颈

作为一名O2O创业者，最重要的是选准切入点。只有那些能够满足用户刚性需求的产品才会有大的市场。比如餐饮行业，每个人都要吃饭，而且每天每顿都要吃饭，不但是刚需，还是高频次的刚需。所以做餐饮的商业才会遍地开花，而且从古至今都存在着。这样的需求就是刚性需求。

从"刚需""高频"这样的垂直领域切入，才能击中用户痛点，解决用户需求。因此，一个行业是否是刚性需求，是否是高频次的需求，几乎决定了一个商业行为的成败。

"对高频次项目来说，启动O2O相对容易，"李昌利说，"配镜虽然频次不高，属于慢频，但我认为，未来每个行业都会产生O2O，并且每个行业O2O的特点都会不同，一定要从行业的本质出发。"对于用户来说，配镜的确是"刚需"，但又非"高频"。一般用户配一副眼镜，就能戴上一两年，除非损坏或者视力出现了大变化，才会选择去重新配一副眼镜。但是李昌利不这样认为，他说用户之所以几年换一次眼镜，是因为配眼镜太贵，太麻烦。

用户的痛点就是商家的着眼点。小米手机用低价高配的战略征服了万千用户。在质量得以保证的前提下，低价格对用户来说是最大的吸引力。所谓物美价廉永远是攻无不克战无不胜的商业利器。

互联网让行业信息更加公开透明。用户和商家之间不存在信息盲点。这就导致用户可以以更低的价格享受到同样的商品。亿超眼镜一直以来就秉承价格公开透明、“物美价廉”的配镜原则。

配眼镜在人们印象中除了价格昂贵，还是一件很麻烦的事。要去专业的眼镜店，而且要去好几次，经过好几道验光程序，用好长时间。很多近视眼的用户估计都有这样的烦恼。而O2O上门配镜，无疑解决了用户怕麻烦的消费需求。

亿超眼镜推出验光师上门验光的服务。配眼镜不用出门，只需要线上预约，就会有验光师如约前来，为您验光。而且无论在哪里，什么时间都可以，随叫随到，非常方便。这是因为亿超眼镜开发了“场景模拟2.0验光法”，打破了验光的技术壁垒。而且这一技术获得了国内权威部门的认证。亿超眼镜上门验光自2014年12月推出以来，市场反应非常热烈，在短短的两个月时间就有1万多名用户预约此项服务。可见上门配镜的确是解决了用户的痛点。亿超在配镜的专业性、服务和售后方面都得到了用户的高度认可，有很多回头客，还有很多老用户介绍来的新用户。亿超眼镜上门配镜O2O服务的创举，引起了整个眼镜行业的关注和仿效。

专家指出，其实人们在看手机、开车等不同的场景下，应该佩戴不同的眼镜，才能更好地保护眼睛。每个人都应该配备多副眼镜。而且用户对于验光服务、眼科疾病的预防、筛查和康复等方面，都有很大的需求。眼镜市场潜力巨大，可服务的内容还没有充分被挖掘到。传统的眼镜店虽然很多，但达到专业化的并不多，其实并不能充分满足用户的需求。现在，眼镜行业在O2O环境下，服务和价格的突破将会刺激用户的需求，形成整个行业的增长点，向服务的专业化、纵深化方向发展。线上眼镜服务带给消费者更好的用户体验的同时，也有望突破传统眼镜行业的瓶颈，带动行业的发展。

零售公开课

用户的痛点就是商家的着眼点。

亿超眼镜从用户上门到验光师上门服务，看起来只是一个方向的变化，其实是一个新的商业模式的诞生，意味着真正"以用户为中心"的商业思维的落地。

## 李宁："互联网＋运动生活"的新体验

体操王子李宁不但在世界体操上创造了骄人的业绩，也在商海浪潮中书写了浓重的一笔，以他名字命名的李宁品牌是国内知名的运动品牌。然而2014年李宁公司却亏损了7.8亿元人民币，这已经是李宁公司连续第三年的亏损了。在这种颓势下，李宁公司并没有气馁，而是希望通过企业转型重塑品牌，打开市场。转型策略包括提升产品，提高渠道运营的能力和效率等。李宁表示："要以创业的心态去创造李宁新的产品、新的渠道、新的运营方式以及新的体验。"李宁公司乘着"互联网+"的东风，再次乘风启航，并在2015年实现扭亏为盈。

### 发展智能运动产品

2015年3月16日，李宁公司与华米科技合作，联合制造新一代智能跑鞋。这款跑鞋内置智能芯片，这些芯片具有收集运动数据、步态分析等功能。华米科技曾经是小米手环的制造厂商。这一次两家强强联手，运动生活与智能科技的结合，能否给消费者带来全新的运动体验？我们拭目以待。

李宁希望通过这款产品进入智能跑鞋的细分市场，他对这款智能跑鞋信心十足，他说这款跑鞋“拥有绝对的价格优势，让年轻人也能轻松拥有”。打造一件“爆款”产品是企业推广的捷径。通过爆款的吸引力，从而带动相关产品的销售，创造比较好的销售业绩。这个方法常常应用于淘宝商城。这一次李宁公司的“爆款”设计能否成功呢？这要从两方面来分析：一方面在于李宁品牌长期以来形成的品牌影响力，对于消费者来说还是有吸引力的。而且这款跑鞋的定位比较亲民，物美价廉的产品对跑步的初级爱好者、热爱运动的年轻人都很有吸引力。另一方面，在智能化风暴席卷一切领域的今天，智能运动装备无疑是最大的卖点，最能抓住年轻人的心。从这两方面来看，智能跑鞋的前景非常乐观。

运动产品也面临着同质化的竞争，国外的耐克、阿迪，国内的乔丹、李宁、安踏等，数不胜数。那么在这种残酷的竞争环境下，如何推陈出新，占到先机呢？李宁表示：李宁公司今后将通过“互联网+”概念，集中发展智能运动产品。李宁现在已经与华米合作推出智能跑鞋，未来会继续与不同公司合作，研究智能运动产品。通过新的智能化产品为消费者提供崭新的运动生活体验。处于智能运动风靡的时代，智能运动产品无疑更符合当今的市场潮流，更能迎合用户的心理预期。

为了丰富产品线，拓展有潜力的市场空间，从2014年开始，李宁已悄悄在韩国组建设计团队，开发更贴合年轻人的个性化潮品。

所谓转型期，就是指一家公司不停寻找未来的方向。李宁作为国内首家体育品牌和互联网科技跨界合作的公司，希望抓住年轻消费者在数字和运动相结合方面的需求，决定投入更多资源配合“互联网+”，开发运动生活体验。

李宁转型进军智能运动领域，与小米合作，一方面李宁公司借助华米科技力量将智能化技术应用于运动装备；另一方面，李宁公司也希望借鉴小米的产品设计理念、粉丝营销能力以及经管模式。李宁公司正尝试用更深层次的方式介入公司的管理。李宁说：“过去一段时间，公司一直在开展管理扁平化的尝试，现在公司已经没有市场部了。公司的管理架构设置是以产品为导向。目前，向我本人直接汇报的人数为50人。”

在“互联网 +”环境的促使下，消费者有不同的需求，企业的重点在于能够跟目标客人有更多的交流。李宁公司目前的管理架构设置是以产品为导向。的确，根据消费者的不同喜好、消费习惯，开发更多贴近生活的时尚产品才是零售业的本质。

## 李宁集团的全渠道战略

李宁公司近年来一直处于战略收缩的状态。截至 2014 年年底，李宁品牌共有 4424 家加盟店，比 2013 年降低了 11.3%。而与此同时，李宁公司在直营店方面进行了扩张，增至 1202 家，同比增长了 29.8%。这一数据表明李宁公司正在采取线上线下并重的方式重新布局销售渠道。李宁也明确表示：“大量门店关闭的趋势将不再继续，我们反而会将根据不同的产品线和客户购买的群体环境去重新开拓线下的渠道，也会根据每个渠道的特性和效率把线上线下相互连接起来。”

### 1. 线下渠道商的拓展

互联网思维对传统行业的改造是全方位的，产品的设计研发越来越以消费者需求为导向了。那么与产品相对应的销售渠道也要畅通，符合消费者和市场需求。如今的消费者更倾向于去大商场购物，因为大商场意味着产品品质有充分的保障。因此李宁公司的销售策略是进一步开拓大商场大超市渠道，同时淘汰一些低效能的店铺。

2015 年 3 月 20 日，李宁公司内部召开“2015 年超市渠道战略发布会”。李宁公司邀请了诸如家乐福、物美、乐天玛特、麦德龙、卜蜂莲花等国内外知名的超市企业，以及步步高等 20 多家卖场集团参加大会。会上，李宁公司阐述了 2015 年大力拓展超市渠道的战略，并与多家卖场达成合作共识，共同开拓新渠道、核心覆盖渠道和重点市场等。上海百联集团总经理说：“希望李宁未来能在其业态店中开设一家大体量旗舰店，同时未来将在奥特莱斯、百货、购物中心业态全面扩大、调整提升合作。”

在渠道上，李宁公司 2015 年的做法是“向新市场渗透，寻找新业务，开辟新战场”，也就是将好的产品通过对的平台卖给需要的消费者，同时淘汰低店效[1]的商铺。

### 2. 线上构建立体生态圈

李宁公司2014年公开财报显示：“继续强化与渠道伙伴的合作，进入低渗透的中国南部地区、开发基于互联网环境的线上生态系统，同时根据消费者的差异性，建立产品分类更细致、功能更清晰的立体销售渠道。”李宁公司是运动产品行业里较早与互联网企业展开合作的，李宁公司抓住电子商务渠道兴起带来的市场新机遇，将重点投入建设基于互联网的线上线下李宁生态，建立数字化生意平台，塑造特色体育文化。

例如李宁公司与大润发飞牛网的合作。线下合作包括正价商品、特价商品、开设旗舰店和阶段性特卖等内容。李宁公司正在研发的智能跑鞋也将在大润发设置线下体验点。线上合作方面，李宁公司入驻大润发旗下网站飞牛网平台。李宁公司作为首批入驻商户将参与飞牛网之后的O2O线上线下互动。大润发飞牛网总经理在接受采访时说：“与李宁公司加深合作以后可能会进行系列的展示，专卖店也会升级到更大更全的旗舰店。”

近期李宁在接受媒体专访时也表示：“数字化的生意当中线上销售会成为我们整个生意的一个重头戏。”李宁希望“做更多具有互动性的生意，除了与小米手环合作打造智能跑鞋之外，还有大众参与度较高的羽毛球、篮球、运动生活等品类，根据每个渠道的特性和效率把线上线下相互连接起来”。

李宁多次强调“要将电商纳入核心业务”，利用“互联网+”趋势引导业务增长。不论是在渠道商拓展的深度和广度，还是一直通过线上线下互动构建的“李宁渠道生态圈”，都显示了企业多管齐下把握消费者喜好、通过市场趋势引领自身业务增长的决心。

中国体育用品处于一个新的机遇期，上一波的市场调整直接淘汰了一部分中型体育用品企业，它们腾出的市场空间正被重新分配。此外，国家从宏观层面推进体育产业和全民健身，拥有体育鞋服用品、体育器材和装

[1] 店效＝店铺销售总流水 ÷ 店铺总数量

备的李宁公司正处于新一轮机会的风口。李宁将带领李宁人再次出发。

零售公开课

销售渠道是连通产品和用户的桥梁，找到适合的销售渠道才能达到事半功倍的效果。

## 王府井：老百货的华丽转身

王府井百货是享誉中外的“中国第一店”。有句老话，到北京不逛王府井就等于没来过北京，可见王府井在国人心目中的神圣地位。但是随着“互联网 +”的浪潮，王府井百货也在不断地改善自己的营销方式和营销渠道，以适应当前消费行为的变化趋势。买手制、奥特莱斯、O2O 转型、大数据运用，老百货经历了一次华丽的变身，焕发出勃勃生机。

### 买手制

百货零售企业的重要驱动力之一就是买手制。买手制兴起在欧洲百货业，然后慢慢在全球流行起来，是由百货零售商买断一些工厂或品牌企业的产品，并在自己的零售商场销售的一种方式。在这种方式下，百货零售商以相对低廉的价格向生产企业买断货品，零售商获得该货品在某区域内的唯一经营权，从包装设计到货品定价、广告宣传都由零售商负责。生产企业只是配合零售商的市场推广工作。这种方式使得零售商对渠道和产品有更强的控制力。

最初的王府井百货以外地游客为目标消费人群，以销售本地土特产为主。而现在的王府井百货已经完成升级改造，无论是店内装潢设计等硬件设施，还是注册会员信息系统等软件配备，都已经达到国内一流百货公司的标准。目标消费人群不但包括外地游客，更主要的是面向本地中产阶级人群。销售产品也不再是单一的土特产，而是多种多样、名副其实的“百货”。王府井百货就是采取的买手制，其中包括国内品牌直采、海外潮牌直采等，买手会根据门店的销售数据做局部采买。自采商品品类丰富，包括服饰、食品、礼品装等，王府井百货2012年自营采购的产品总量就达到2亿多元，未来自营采购比例还会扩大。

百货店通过买手制采购的品牌产品，可以直接参与品牌商品的上货过程和运营管理，可以自主定价，保证一定的利润空间；另外还可以保证送货及时，利于自己控制库存。百货业流行的买手模式有效地提升了百货店的市场竞争能力。

### 奥特莱斯

“奥特莱斯”是英文outlets音译。奥特莱斯这种经营模式最早出现在美国，是专门处理工厂尾货的“工厂直销店”，慢慢演变成为大型购物中心，并逐渐发展成为一个独立的零售业态。目前的奥特莱斯有3个特点，其一是名牌荟萃，商品品类丰富且有品质保证；其二是物美价廉，都是由品牌商低价直销；其三是交通便利，一般都选址在交通方便的地方，且设施齐全，消费者既可以享受到良好的购物体验，又感到舒适便利。

2015年6月30日，“中国第一百货”正式落户银川。北京王府井赛特奥特莱斯与银川建发集团正式签约，王府井赛特奥特莱斯入驻建发大悦城。该项目是银川市的重点工程，项目设计有下沉式广场、沿街景观公园、屋顶空中花园等；大型停车场设置了6000个停车位；大悦城目前已经正式签约了美国凯悦酒店、长城沃美影院、冠军冰场等运营能力强的国际化品牌企业。目前，大悦城的布局已基本就绪，招商率达到70%。王府井执行董事东嘉生透露，公司未来将以都市型和区域型购物中心为主要发展目标，努力营造消费者的第三生活空间。王府井百货正在重点加快奥特莱斯业态的发展。

在网络购物的冲击之下，传统零售业正在面临着困境。而这种以品牌折扣直销为主要内容，同时注重生活性、娱乐性的奥特莱斯模式，正是摆脱这一困境、唤起消费者线下购物热情的有效方式。

### O2O 全渠道消费模式

2015 年 4 月，正值王府井网上商城开业 3 周年，北京王府井百货集团在网上商城首页开展了一系列的店庆活动。王府井是传统百货零售业里首个举行网络购物狂欢节的。这说明王府井百货适应当前 O2O 的整体发展趋势，正在寻求一条适合自己的，并能与当前趋势结合的道路。王府井百货早在 2012 年就开通了网上商城。网上商城 2015 年会员达到 120 万人，会员消费占全部消费额的 60%，客单价 [1] 达到 667 元。

面对着汹涌而来的电商大潮，很多传统行业都开始触网，开始了 O2O 的打法。传统百货企业的 O2O 转型之路，一是整合自身网上商城与线下门店的资源，二是与互联网巨头们展开合作。王府井百货可谓双管齐下。王府井百货在整合自身线上线下资源方面（见图 2-1）：除了建设网上商城，还在全部门店实现 WIFI 覆盖，为大数据的采集做准备；王府井还布局移动端，开发了移动端的购物 APP，使用户可以在移动端完成选买、购物、支付的整个过程。如今，王府井百货已经完成实体门店、网上商城、移动应用三大核心渠道的建设。

**图2-1　王府井百货整合线上线下资源**

[1]　客单价（percustomer transaction），是指商场或超市每一个顾客平均购买商品的金额，即平均交易额。客单价 = 销售总额 ÷ 顾客总数，或客单价 = 销售总额 ÷ 成交总笔数。

在与其他互联网企业合作方面：2014年2月，王府井百货与腾讯宣布合作，王府井主要是借助腾讯的平台优势。双方首先开展的合作在支付领域，王府井利用移动设备加二维码的方式解决线下支付问题。王府井还与多家第三方服务商进行对接，以获得营销系统、商用WIFI等O2O模块的技术解决方案。

在大力发展O2O的同时，王府井百货的与众不同之处在于，更注重探寻线上线下的结合点。王府井百货努力打造的是“线上线下全渠道的新型消费模式”。王府井百货信息技术总监说：“公司将通过各类新技术在实体门店和线上商城的运用，以大数据为依托，将线上与线下渠道的不同优势进行融合互补，将信息资源与零售渠道深度结合。”

例如王府井百货的移动端APP，包括了王府井遍布全国21个城市的29家线下实体店的信息。用户选择任何一家店铺，在APP的页面上都会出现该门店各种优惠促销信息以及当前活动、在线影讯等。用户可以选择离自己近的门店进行线下消费体验。通过社交媒体建立用户连接，最终用户在王府井百货线下门店完成购物、餐饮、休闲、社交等全方位的消费体验。

线上消费只是一种方式的改变，其赖以生存的还是线下的产品和服务。传统百货零售商本就具有丰富的线下资源，以及多年来累积的人脉资源、品牌资源，在新的商业形势下，积极拥护“互联网+”的浪潮，谋求线上渠道与技术的解决方案，不啻如虎添翼。而如果单单是看到了电商的优势，只注重线上而忽视线下建设，不过是东施效颦，起不到应有的效果。因此零售百货打通线上线下的消费渠道，并且依靠大数据技术，为客户提供个性化服务和实体店体验，才是完善的百货零售业O2O模式。

### 零售公开课

所有的改变都不应该是邯郸学步，亦步亦趋，而是在保持自身优势的同时，兼容并蓄。

## 苏宁：做中国的“沃尔玛＋亚马逊”

苏宁是一家以家电零售起步的传统企业，近年来一直努力进行互联网转型。从2010年正式上线苏宁易购，到2012年率先提出并践行O2O模式，苏宁在互联网转型的道路上不仅一直走得很超前，而且义无反顾。到2015年，苏宁的线上线下融合的布局已经基本完成，业务正在减亏，丰收的果实就在不远处向苏宁招手。

### 从“电器”到“云商”

人们常说：“时势造英雄。”晚清巨贾胡雪岩则说：“做生意，把握时势大局是头等大事。”没有相应的社会环境气候，就没有英雄成长的土壤和其他条件，真正的英雄必须学会驾驭时局，胡雪岩就是这样善于驾驭时势大局的顶尖人物。而要善于驾驭时势大局，前提是对局势的敏锐察觉。

作为商海上的老兵，张近东自然早就觉察到了电商对实体店的冲击。早在2005年，苏宁就通过苏宁网上商城一期率先试点电子商务，此后陆续上线二期、三期，并于2010年2月上线苏宁易购。O2O的兴起，让张近东找到了路径。他迅速组建团队，快速调整，在短时间内完成了从实体零售商向电商的转型（见图2-2）。

2012年3月，苏宁董事长张近东提出苏宁进军O2O，要做中国的“沃尔玛＋亚马逊”。其时，沃尔玛与亚马逊分别雄踞世界零售商的线下与线上之首，代表着两种不同的商业模式的巅峰。2013年2月，苏宁电器更名为“苏宁云商”。这表明苏宁正在努力撕下身上“电器大卖场”的标签，朝互联网企业大步迈进。苏宁官方宣称，改名是为了更好地与企业经营范围和商业模式相适应，转型云服务模式。

“我们认为未来中国的零售模式将是‘店商＋电商＋零售服务商’，我们称之为‘云商’模式。”苏宁在公告中表示，将逐步探索线上线下多渠道融合、全品类经营、开放平台服务的业务形态。公司经过多年经营积累，已经构建了面向内部员工的管理云、面向供应商的供应云，以及面向消费者的消费云，并逐步推进“云服务”模式的全面市场化运作。

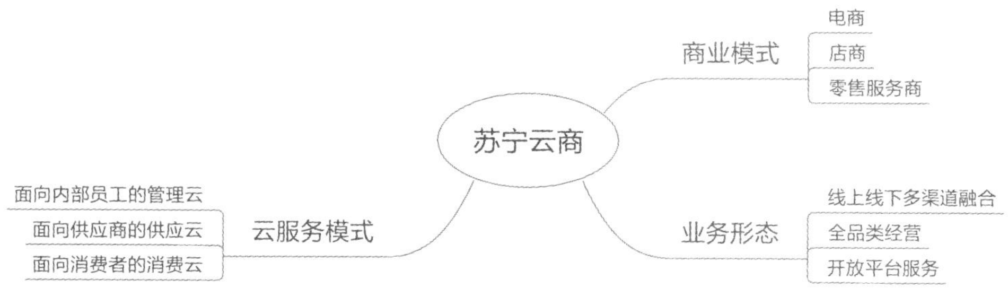


图2-2 苏宁云商

从 2013 年上线开放平台以来，苏宁产品经营范围已经覆盖家电、3C、母婴、超市、百货、美妆等全品类领域，SKU[1] 数快速提升至 800 多万，开放平台入驻商户 1 万多家。副总裁任峻强调，商品品类和数量的几何式增长，极大丰富了平台流量。

在 O2O 商业模式中，整个消费过程由线上和线下两部分构成。线上平台为消费者提供消费指南、优惠信息、便利服务（预订、在线支付、地图等）和分享平台，而线下商户则专注于提供服务。

具体来说，“O2O”中的“2”非常关键。这个“2”读“to”，是线上与线下的交汇点。这个交汇点需要构建以 ERP 为基础，以 OMS（订单处理系统）、CRM（客户管理系统）、WMS（电子仓管理系统）为后台的整体软件平台系统，才能真正实现商品流、信息流、资金流的完美融合、通畅运转。

在过去的几年里，苏宁运用互联网工具改造实体零售，探索 O2O 融合，搭建起一套 O2O 融合的框架。这个框架可以用八个字来概括，就是“一体、两翼、三云、四端”（见图 2-3）：一体，就是坚守零售本质；两

[1] SKU（stock keeping unit，最小库存单位），是库存控制的最小单位。现在还可以引申为产品统一编号的简称，每种产品均对应有唯一的 SKU 号。

翼，就是打造线上线下两大开放平台；三云，就是围绕零售本质，把零售企业的“商品、信息和资金”三大核心资源社会化、市场化，建立面向供应商和消费者以及社会合作伙伴开放的物流云、数据云和金融云；四端，就是围绕线上线下两翼平台，因时因地因人，融合布局 POS 端、PC 端、移动端、TV 端。

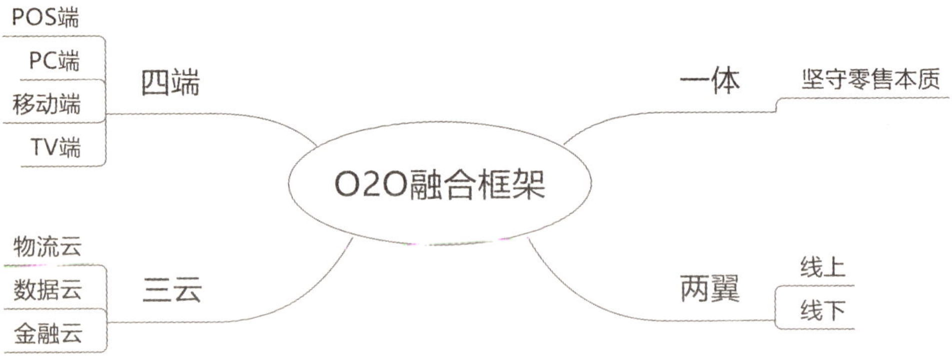


图2-3　苏宁云商的O2O融合框架

此外，苏宁还拥有一支 O2O 融合的奇兵——苏宁易购服务站，这是一个连接线上线下、城市农村的双向 O2O 平台。2015 年，苏宁将实现全国 90% 以上乡镇市场 24 小时送达，再加上即将在全国三四线市场“遍地开花”的苏宁易购服务站，苏宁的海量商品将进入农村市场，同时以物流和售后为支撑，带动商品深入农村，让苏宁 O2O 的互联网零售模式在乡镇市场形成规模效应。

转型后的苏宁不是一个传统的线下零售商，也不是传统的线上零售商，而是一个全新的 O2O 零售企业。苏宁的转型成功与否，线下实体门店的运营成果最有说服力。

2014 年，通过大数据驱动的 C2B 反向定制、精准会员营销等创新运营手段，苏宁在 2014 年盈利 9.46 亿元，同比增长 550% 以上。2015 年一季度苏宁云商门店销售收入同比增加 14.97%。2015 年 4 月 28 日，位于南京山西路和上海浦东的两家苏宁云店正式开业，当天南京山西路苏宁云店人流量达到近5万人，开业3小时，销售即突破1000万元。苏宁云店O2O模式引流效果之显著，超过了预期。

### 传统企业亟须转型

伴随智能手机等移动端设备的普及，我国的数字化进程基本完成，接下来是人和服务的连接。现在的网民用移动端上网时长已经超过了PC端。PC端上网主要是工作，移动端则相反，更多的是与生活休闲有关——这意味着存在更多的商机。

相较PC时代的互联网，移动互联网更有可能打掉中间环节，更大限度掠夺终端用户。如果说传统互联网创业是从1万个用户中每人身上赚1元，那么在移动互联网时代，你可以从1个人身上赚1万元出来。“得终端者得天下”，这是互联网变革给我们带来的挑战与机遇。

客户在哪里，市场就在哪里，所有传统企业犹如在布满苔藓的石头上攀爬的青蛙——不往上爬就会往下滑。以后，IT实力不强的公司将很难生存，三五年后商业3.0时代到来，它们更玩不动。而大胆拥抱O2O的企业将会收获成功转型的甘果。

从事传统行业的企业主，完全不必对互联网产生害怕心理。电商的发达，不会让实体店消亡。传统商家需求最强烈的无非是增加新顾客和维护老顾客，而移动互联网时代的O2O，恰好能够做到这两点。

在无孔不入的移动互联网覆盖下，线上线下出现了更大的交集与互动。虽然消费者一开始是以线上作为业务的出发点，通过线上的方式完成前期的认知和铺垫，但是最终是在线下完成实体消费和体验。也就说，线下是基础，唯有基础扎实才能建起O2O高楼。

IT精英们已经无法仅仅靠互联网思维来革传统商业的命了，新时代的玩法需要落地，需要对行业资源的左右逢源，需要忍受旷日持久的琐碎。否则，就是一只没脚的小鸟。因此，业界普遍认为：传统商业更容易升级。

O2O模式本身就是“传统行业与移动互联网深度融合而诞生的新模式”，是传统行业的拯救者。O2O模式正在各种传统行业中大量落地，其中不乏战绩卓越者。如苏宁云商，根据其发布的2015年第一季度报告显示：苏宁云商线上平台销售大增101.54%；公司商品销售规模345亿元，同比增长31.5%。这个成长速度，足以让行内人为之咂舌。

如果说移动互联网是一场革命，那么传统企业在这场革命中失去的只是锁链，得到的将是整个世界！

零售公开课

时势造英雄，做生意，把握时势大局是头等大事。

将线上和线下打通，使之互动起来，为零售业注入新的生命力，是O2O融合的关键。

## 美特斯邦威：进入2.0时代的O2O模式

O2O无疑是近年来“互联网+”经济形势下最火的模式。美特斯邦威是服装行业公认的O2O领袖。美邦的电商起步于2009年，搭建了电商平台邦购网，2013年也就是O2O元年，美邦率先实施O2O战略。2014年，美邦开始在它所属的门店开启了全新的O2O营销新打法，以提升用户体验，融合线上线下。美邦称其为O2O模式的升级版——美邦2.0。

### O2O的2.0版，让用户体验升级

设想一下，在一家服装店里转累了，可以坐下喝杯咖啡，翻一翻杂志，休息一会儿。店里有免费的高速WIFI，可以用自己的移动设备连接，直接进入该服装店官网或APP，在线上选购、支付。这种情景就是美邦重庆体验店开业时的真实情景。重庆体验店是美邦首开的全品牌集成体验店，包括美邦旗下Meters/bonwe、ME&CITY、ME&CITY KIDS、Moomoo等4

个品牌，从成人到儿童的所有美邦服装品类。

美邦一直把O2O战略与店铺的升级改造结合在一起，陆续在全国推出多家体验店，精心进行店面设计，植入当地文化元素，以得到当地用户的认同感，吸引用户。如广州的“花房”，杭州的“中央车站”，成都的“宽窄巷子”等，为用户打造前所未有的情景式购物体验。

美邦最独特的一项服务是“时尚顾问”。这个项目非常新颖又有实际意义，作为用户来说，可以很方便地了解服装搭配方案，并实现一站式采购。对于美邦来说，这项服务极大地提高了服装及配饰的销量，增加了盈利。

时尚顾问是美邦重庆店的新兴职位。客户在挑选衣服时常常会面临搭配的问题，而这时美邦时尚顾问可以为您提供搭配建议。每个时尚顾问配置了一台平板电脑，可以直接把搭配效果显示给用户。店内每层都有大型电子屏装置，是“时尚顾问”的机器版，用户将衣服的二维码放在电子屏上扫描，就可以看到各种搭配效果的展示。而且每件单品信息也会同时显示。

很多传统企业转战O2O战场，只关注线上，而忽略了线下。其实线上提供的是便利，线下才能够为用户带来更多的体验。尤其是服装业，用户试衣服就是打造用户体验的好时机。美邦正是认识到了这一点，才实行线上线下并重的举措。大笔投入进行线下实体店的升级改造，就是为了提升用户的购物体验，把线下购物的社交功能和用户的休闲体验做到极致。

## 打通线上支付，实现闭环

时尚顾问手中的平板电脑还有一个在线支付功能。美邦目前支持支付宝与微信支付两种支付方式。邦购网与美邦APP也接入了线上支付功能。平板电脑将美邦全国店铺连接起来，这样某个店里的缺色断码服饰，可以及时从其他门店调配，寄送到用户家中。这又是一个双赢的举措，既方便了用户的采买，又减少了美邦的销量流失。

美邦线上支付系统以及WIFI数据可观测用户的购买行为，比如用户的行走路线是什么，逗留时间的长短，以便于相应信息的推送，做到精准营销。美邦线上支付系统的打通，可以帮助美邦完善其 CRM（客户关系管理）系统。

美邦 2.0 版本的 O2O 模式，围绕用户体验这一核心，配置了很多令人耳目一新的软硬件设施。企业对 O2O 的认知不能只停留在表面上，而是要深入理解 O2O 的精神。那就是深入研究你的用户，提升他们的购物体验，从而吸引用户，留住用户。美特斯邦威的目标人群是追求时尚的年轻人群，美邦非常注重目标消费者的需求，特别是从 O2O 中获得大数据进行挖掘，来不断修正产品设计与购物体验设计，使用户喜欢美邦的产品和服务。美邦的做法让我们知道 O2O 自身也是需要不断迭代升级的。

## 零售公开课

O2O 模式是新颖的电子商务模式，既冲击了旧的服装企业经营模式，又带来了契机。现在服装企业也正向多元、纵深的方向探索 O2O 模式。

O2O 模式不能只顾线上而忽略了线下，对于服装行业来讲，用户的线下体验更为重要。未来的 O2O 模式必然是多层次、多维度的复合生态系。

第3章

# 低价模式：
# 零售行业，价格永远是敏感因素

零售行业薄利多销的性质决定了价格永远是其敏感因素，因此，很多企业为了在竞争中占据优势地位，都大打低价牌。那么，便宜真的没好货吗？优衣库、宜家、蜂花、益丰药房以及沃尔玛等零售企业用事实对此说“NO”，并用跌破人眼镜的数据告诉你什么是有价值的低价。

## 优衣库：低价成就服装业巨头

优衣库成立于1984年，是日本老牌服装企业。30多年来，优衣库秉承“把优衣库服装卖给全世界每一个人”的宗旨，积极开展全球扩张策略。截至2014年8月，优衣库开设了1500多家门店，遍布全球14个国家，成为一个名副其实的服装业巨头。那么，是什么样的经营理念让优衣库30年来在服装业叱咤风云？又是什么样的产品策略让优衣库服装为全世界客户所接受？那就是坚持做低价而优质的服装品牌。对于消费者来说，物美价廉永远是吸引他们购买的最直接的因素；但对于商家来说，让每一件商品实现物美价廉并不简单。现在，我们就来揭开服装业巨头优衣库的神秘面纱，领略一下他是如何把服装做到优质低价，并且坚持了30年的。

### 便宜有好货

“好货不便宜，便宜没好货”是每个消费者熟稔的一条购买规律。的确，如果保证一件服装的高品质，就要采用优质的原材料，优质的设计，精细的剪裁、做工，这些都需要付出较高的原料成本、人力成本和时间成本才可以实现。综合起来，一件高品质的服装成本就会非常高，那么价格也就自然而然地提升了。

在服装业，存在着两极分化的现象。一方面是大品牌高价格；另一方面是普通的流水线产品，毫无特色，但价钱很低。这种现象其实也符合商业的“中间必死”定律。就是说从商，要不就做最好的，金字塔顶端的；要不就做最低的，面向普通老百姓的。而那些定位不高不低，质量不好不坏的产品往往会被市场淘汰。可是，优衣库的成功打破了这一业界“魔咒”，缔造了“便宜有好货”的神话。

优衣库一款赤耳丹宁材质的牛仔裤，定价才299元。丹宁是高级牛仔面料的代名词，赤耳是象征细腻做工和高品质的锁边方式。在市场上，采用赤耳丹宁材质的牛仔裤都是些顶级品牌，价格也基本在千元以上。

就像柳井正说的那样：我就想做中间部分，价格比较便宜，质量和品质都非常好。这也正是优衣库的商业模式，也是优衣库取得成功的秘密。那么优衣库的高品质服装是怎样炼成的呢？如图 3-1 所示，优衣库有两个经营特点。

**1. 变态级的服装品质监控**

优衣库要求工厂把次品率降到 0.3%，而业界平均次品率一般是 2% ~ 3%。而且，优衣库评定次品的规则非常严格，比如在 T 恤上有一根 0.5 毫米的线头，也算次品。优衣库选择的服装加工厂家一定是该地技术水准最高的，而且优衣库有一个专门的团队配合工厂改进生产流程。可以说优衣库完全是用奢侈品的标准生产一个平价产品。

**2. 优衣库定位是一家“技术公司”**

柳井正说优衣库不只是一家时尚公司，更是一家技术公司。因为他非常注意将技术应用到日常服饰上。这样生产出来的服装可以实现品质的差异化，并且有较高的附加价值。

优衣库的摇粒绒服装可谓家喻户晓。摇粒绒以前是贵族用品，手感柔软温暖，很受追求时尚的年轻人热爱。优衣库就一次又一次地改革摇粒绒，采用不同面料织法，触感和质地有了更多的变化，价格也更加亲民，客户有了更多的选择。例如 2014 年冬天优衣库的女装摇粒绒大衣有类似羊毛质感的奢华触感。

优衣库的“技术商业化”路径都是把某方面性能比较好的原材料通过技术研发，进一步改进性能，降低成本。原先只是某方面性能具有优点，现在变得各方面都很优秀；原来价格高的变得价格低廉；原先应用比较少的，变成人们日常生活中常见的服饰。

优衣库的 Heattech 面料服装也是风靡世界。在日本，很早就有类似 Heattech 的面料，这种面料做成的运动内衣保暖排湿效果特别好，但是外形和质感欠佳，一般在体育用品商店销售。优衣库看到了 Heattech 面料的潜在市场，与面料供应商东丽（Toray）一起克服工艺障碍，将这款专业面料运用到大众服饰中。Heattech 的研发始于 2002 年，但直到今天仍然在不断改进。

优衣库一次次地打造具有技术含量的"爆品"，从摇粒绒、轻羽绒，再到 Heattech，可以说优衣库的成长史，就是一个技术流爆品的发展史。

优衣库通过技术的不断改进和对品质的苛刻把控，将优质低价模式玩到了极致。这种精益求精的产品理念，实际上为优衣库建立起了强大的技术壁垒，增强了其市场竞争能力。现在很多服装公司也都说自己的产品是优质低价，但像优衣库这样能真正落到实处的却少之又少。

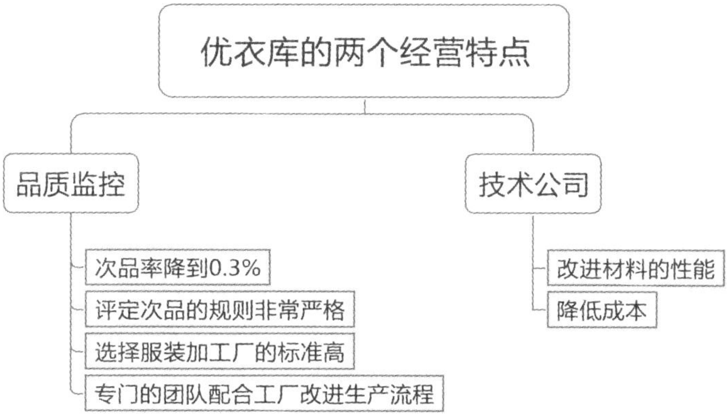


图 3-1 优衣库的两个经营特点

### 优衣库的 SPA 模式

低价格是商品的最大卖点；如果在低价格的基础上还能实现高品质，那么对于消费者来说则是最大的诱惑了。但是商人是不会做赔本买卖的，如何实现低价格？那就要靠严格控制成本来压低价格了。经过反复摸索，柳井正找到了适合优衣库的 SPA 模式（自有品牌专业零售商经营模式）。

SPA 模式，即"specialty retailer of private-label apparel"，意思是自有品牌服装专业零售商。也就是说，服装企业拥有自有品牌，从设计、生产到零售一体化运营。优衣库根据对消费者需求的分析，自己设计，自己生产，自己定价，通过自有商场直接销售。SPA 模式最早由美国服装巨头 GAP 提出，现在已经成为很多服装品牌首选的经营模式。例如意大利的 BENETTON、日本的无印良品、西班牙的 ZARA，等等。

优衣库 SPA 模式的具体举措包括：对新潮服装小批量垂直一体化的生产，以避免因为对潮流的把控不准而造成的决策失误；把最能够符合大众审美的服装外包给最接近市场的供应商，从而可以避免服装设计师的失误；对非新潮服装则在其他国家寻找廉价的劳动密集型生产厂商，从国内挑选一些老技师来进行技术指导；在销售上实行仓储式销售模式，用仓储式卖场及自助购物的方式销售服装，从而节约仓储成本和营运成本。

SPA 模式的作用首先体现在取消了代理商、经销商等中间环节，降低了销售成本，提高了运营效率；其次，采用 SPA 模式，服装品牌自主生产、自主销售，有利于用户信息的采集，可以设计、生产出更符合用户需求的服装；第三，SPA 模式更有利于对渠道的控制，无论对于服装加工商还是原材料供应商，都可以更好地控制成本和进度。可以说，SPA 模式是优衣库服装实现优质低价的有力保证。

## 以优衣库 APP 为核心的 O2O 模式

随着互联网和移动互联网对零售业的影响，传统的线下零售正面临巨大挑战，很多服装品牌商都增加了线上销售渠道。优衣库也不例外，开发了优衣库 APP，但是有所不同的是，优衣库并没有因此减缓线下实体店的扩张，而是线上线下相得益彰，共同发展。

2014 年 8 月底，优衣库在日本以外的门店数量为 633 家，到 2015 年第一财季，新增海外门店 62 家，总数达到 695 家。与服装低价策略相反，优衣库的实体店都是不吝投入的。尤其是全球旗舰店，选址都在繁华城市的黄金位置；另外店面面积很大，至少是标准店的两倍以上。例如在中国，优衣库把旗舰店开在上海寸土寸金的淮海路，营业面积超过 8000 平方米。优衣库说：“我们不谈服装设计，我们谈店铺设计。”这样的店面为优衣库树立了高品质的形象，在客户心目中也留下深刻的印象。无论你走在哪一家优衣库门店，那醒目的正红色LOGO都仿佛一个无声的广告，气势逼人。

优衣库于2013年推出其官方手机应用UNIQLO APP，并以此为核心，向线下引流。这种推广方式成本低，而且更为直接有效。

优衣库一直在线下店积极推广APP，从店长到店员，以及店内广播都在向用户介绍APP的安装。如果用户使用APP扫描商品二维码，可以享受到打折优惠；而且所有的产品二维码都是专门设计的，只能用优衣库的APP才能扫描识别。通过不断提升APP的安装量，向线下店导流；同时线下店也积极为线上店带去流量。优衣库这种线上线下双向融合的O2O模式，提升了优衣库的品牌知名度，提高了优衣库产品的销量。2015年第一财季，优衣库所属的迅销集团营业利润913.7亿日元，同比上涨39.9%；其中，优衣库海外部分营业利润243亿日元，同比增长57.2%。

谈到优衣库的服装，无论是日本本土消费者，还是中国、欧美地区的消费者，一致的印象就是性价比高。优衣库服装以优质低价为特征，那么要实现利润增长，除了用SPA模式压低成本之外，还要扩大品牌知名度，增加销量。常言道薄利多销，即使利润空间有限，但通过扩大销售，经过量的积累可以形成规模效应，一样有利可图。

## 零售公开课

不是井里没有水，而是挖的不够深；不是成功来的慢，而是放弃速度快。

低价格不意味着低质量，低质量的商品一定会被市场淘汰，只有那些优质低价的商品才能真正赢得市场。

# 宜家：有价值的低价

宜家家居是全球知名的家具和家居用品零售商，产品行销全球38个国家和地区。无论在哪里，都有宜家的忠实用户。宜家是瑞典企业，创建于1943年，经过70多年的漫长历程，宜家不但没有被竞争日益激烈的家具市场淘汰，反而越来越受到人们的认可和喜爱，其中很重要的一点是源于宜家为大众创造更美好的日常生活的商业理念。创造美好生活意味着宜家的设计精良而用心；而定位于大众人群则意味着低价格。好品质与低价格这看似矛盾的两个因素融合在一起，形成了宜家长盛不衰的产品竞争力和吸引力。可以说低价格是成就宜家的基石，但是这个低价是有价值的低价。在人们心目中，设计精美的家具一定是高档品，是为少数人准备的。但是宜家以实际行动颠覆了人们的认知，始终以低价格为普罗大众提供品类繁多、美观实用的家具和家居产品。

## 什么是有价值的低价

宜家的产品以低价格而闻名，但是这个低价不是低质量的廉价，而是有价值的低价。那么，什么是有价值的低价？作为家具和家居产品，要满足以下3个特点（见图3-2）。

图3-2 宜家有价值的低价

### 1. 优质低价

在消费者心目中，低价格往往意味着低质量、偷工减料，但是宜家家具的低价却绝不在产品质量上打折扣，而是实实在在的质优价廉。宜家是来自瑞典的家具品牌，它承袭了瑞典家具实用、耐用的品质，以及精致、美观的风格。为了确保产品质量，让用户买得放心，宜家各种各样的产品测试特别引人注目。

宜家出售的家具从摆进卖场第一天就开始了质量测试，测试器会自动记录着家具的使用次数。例如宜家的一款橱柜，柜门和抽屉已经经过了209440次的开和关，但是仍然毫发无损地正常工作着。在宜家的任何一家商场里，都会设置产品的测试区，测试器上清楚地显示测试数据。这些测试充分说明了宜家的产品质量是可靠的。

宜家不但设置产品的测试区，还鼓励、引导客户亲自体验产品。比如拉开柜门看看是否结实，坐在沙发上或者躺在床上感受一下是否舒服。很多国内家具店，怕客户弄脏、弄坏样品，往往贴有“样品勿试”的标识。而宜家却反其道而行之，希望客户多体验，多感受，这本身就是一种自信和底气，说明产品的质量是经得起考验的。

### 2. 有设计感的低价

随着物质生活水平的提高，人们对精神层次的需求也越发苛刻。人们追求有品质的生活，要求家具不但具有实用性，还要符合个人的审美趣味，体现个人的品味。在这一点上，宜家的产品令人丝毫不用担心，其人性化和设计感常常为你制造惊喜。

宜家的产品简约自然，精美时尚，处处体现着设计者的匠心。宜家有一种三被合一的“四季被”。什么是三被合一呢？就是一层温凉的夏季被，一层中暖度的春秋被，把这两层放在一起，就是温暖的冬季被。这种设计非常实用。

简约、精美、实用的设计理念和设计风格是宜家创立以来一直坚守的。为此，宜家一直坚持由自己设计所有产品并拥有专利。宜家每年有100多名设计师在全力以赴地工作，确保“全部的产品、全部的专利”。正因为如此，宜家的产品才总是那么独特、新颖。也正是这几十年如一日的坚守，让宜家产品总是能够引领时代潮流，在全世界确立了宜家的品牌地位。在现代工业化的流水线作业之下，富有设计感的产品更能满足用户的心理需求。宜家自主设计之路创造了独特的宜家家居文化，也赢得了用户的心。

### 3. 环保的低价

环保理念越来越深入人心，家具业甲醛超标之类的环保问题受到人们的普遍重视。购买一款家居产品，不但要实用、美观，还要绿色健康。

其实环保的理念体现在很多方面：例如在产品的生产制造环节，使用天然无污染符合标准的材料，确保所销售的产品不含有害物质。在原材料的选购阶段更能体现一个企业的环保理念，做家具产品不可避免地要用到各种木材，必须保证采伐木材的森林能够维持自然换代生长率，不能乱砍乱伐。因此，宜家的木质原材料均取自经林业监管或FSC（森林管理委员会）专业认证的林带。环保理念还体现在节约意识上，节约各种资源，充分利用各种“边角废料”。例如中国东北林区有大量的白桦树的树梢，被看作没有用的废料，可宜家却将这些材料制成了各款家具。这种举措在环保的同时还降低了成本，可谓一举两得。

做大事者不能鼠目寸光，只顾眼前利益而忽视长远发展。做企业同样如此，不仅在产品上赢得用户，还要在企业文化、企业道德上赢得人心。做一个对社会有责任感的良心品牌，才是企业的长远发展之道。

## 宜家的节约成本之道

宜家能够坚持七十年如一日“高质低价”的根本原因在于其节约成本之道。宜家在设计、生产、运输、销售等每一个环节上都以降低成本为核心。节俭文化已经成为宜家企业文化的一部分（见图 3-3），他们认为浪费是“致命的罪过”。

### 1. 反向设计

大多数家具生产厂家都是先设计产品，然后再决定产品价位。但宜家采用的却是“反向设计”：先设定价格，再进行选材、设计，并且直接和生产商协商，如何在降低成本的同时不影响到产品品质。宜家采用的这种设计模式，兼顾低成本与高效率，这样设计出来的产品自然能够有效地控制成本。

2. OEM 方式生产

宜家采取 OEM（定点生产，俗称代加工），将产品生产环节外包给生产商，对生产厂商的质量与技术进行监督、审核，确保其质量能够达标。宜家鼓励 OEM 生产商之间的自由竞争，这种竞争使得生产商都争相通过“价低质优”的角逐来中标。另外，宜家所有的销售点都通过联网系统连接，世界各地的产品种类、销售情况、库存、订单等一系列数据都可以及时上传总部系统。通过这些数据，宜家集团向生产商发送生产订单并管理生产，这样减少了库存，大幅降低了库存成本，这也是宜家产品价格能够不断下降的原因。

图3-3 宜家的节约文化

3. 首创平板包装

宜家首创了家具的平板包装。宜家产品都被设计成可分拆运输的结构，外包装是平板式，这样可以充分利用运输工具的空间。平板式包装使得宜家在运输中所使用集装箱的平均填充率达到 75% 以上，这样极大地节约了运输成本。在节省运输空间方面，宜家到了近乎苛刻的地步，例如宜家的压缩包枕头会把产品内的空气排出来。宜家人经常说的一句话是“我们可不想花钱运空气”，这也表明节约意识已经深深植入了每一个宜家人的心中。

4. 销售 DIY

家具销售一般都采用送货上门，提供安装服务。而宜家在销售中却采用DIY方式。宜家说："我们做一些，你来做一些，宜家为你省一些。"在宜家商场，大部分用户都自己挑选家具、自己提货、自己动手安装。用户的DIY过程，一方面增加了用户的动手乐趣，提升参与感和成就感；更重要的是让宜家节省了大量的销售成本。当然对于那些没有时间的用户，宜家也提供送货和安装服务，不过要另外付费。

无论在欧洲还是北美市场，宜家都是一家典型的"家居便利店"，而这正是宜家产品的初衷。1998年，宜家开始进入中国，也一直延续低价战略。宜家在哈尔滨、青岛、厦门、蛇口、武汉、成都和上海设立了7个采购中心，并在上海、大连、成都三地建立了生产基地。采购、生产、物流本地化以后，产品成本也随之逐渐下降，为宜家大幅度调低价格提供了较大的空间。宜家中国区公关经理许丽德说："在中国市场为获得价格竞争力的同时，并没有以牺牲产品质量做代价。"例如宜家的传统产品角桌，售价由200多元降到了99元，同样都是全木料嵌制而成。

宜家从创建时起，就选择了一条与众不同的道路，"我们决定与大多数人站在一起"。其实生产高档的家具并不难，只要多投入，让客户支付昂贵的费用就可以了。但是宜家能把家具做得那么有档次，而且一直保持低价销售，这才是值得业界学习和借鉴的。

### 零售公开课

产品品质是企业长远生存的根本。

把有品质的产品做成奢侈品出售给富豪阶层并不难，难的是拥有好品质的产品还能保持低价格。

# 蜂花：30年低价，赢得全国大市场

蜂花是由上海华银日用品有限公司研制、生产的洗护发产品，也是我国唯一的护发类中国著名商标商品。上海华银成立于1985年，是我国最早生产该类产品的公司，至今已经有30年的悠久历史了。作为一个洗护发类品牌，能够屹立市场30年不倒，绝对是一个奇迹。在被进口品牌、合资品牌占据的日化品市场上，蜂花依然保持着1/3的市场份额，获得越来越多的消费者的青睐，甚至很多年轻的女孩子也会使用这一“祖母”级的产品。这其中根本原因只有一条——物美价廉。蜂花依靠30年的低价，赢得全国的大市场。

## 老品牌的常胜秘诀

在我们的印象中，蜂花洗发水是“祖母”级的产品，它像永久自行车、霞飞化妆品、白菊洗衣机一样，年代久远。随着时代的发展，这些品牌也相继伴随着上一辈人的回忆消失在我们的视线中。但是，只有“蜂花”还出现在各个大小商场的货架上，并且持续保持着旺盛的销量。“蜂花”是如何在外国品牌、合资品牌林立的日化行业永葆青春的呢？诀窍只有四个字，那就是“物美价廉”。

蜂花多年来稳固地占有1/3的全国市场，而价格却比同类产品低60%多。蜂花中档品平均每百毫升2元，低档品平均每百毫升只有1.5元。蜂花产品平均毛利率为15%，而其他品牌同类型产品毛利率至少是40%。

物美价廉堪称产品制胜的王道，谁不喜欢好的商品呢？同类商品，质量好的必然受到欢迎；同样价格，还是质量好的占有优势。但是在质量好的前提下，价格低的产品，利润空间必然要小，这就引出了另一条经济规律——薄利多销。靠量的积累获得大的利润。

中国自古以来就有聚沙成塔、集腋成裘的道理。在浙江义乌小商品市场，有很多微不足道的小生意，他们就是靠走量实现盈利。例如批发牙签的商户，每100根签只能挣到1分钱，但是每天批发1亿根，就可以纯挣1万元，一年下来就是300多万元的纯利润。因此，毛利率低的商品，并不是不挣钱的商品。

蜂花30年来坚持走低价路线，就是在保证质量的前提下，将利润空间降到最低，以物美价廉打动消费者，赢得消费者，进而以销售量取胜。

## “不涨价”的营销之道

蜂花东家、上海华银日用品有限公司成立于1985年，可以说蜂花产品走过的30年，正好是中国改革开放、发生沧桑巨变的30年。这期间，物价翻了几番，人们的物质生活水平得到了很大的改善，在日化品行业很多品牌消失了，又有很多品牌冒了出来，蜂花却以持续的低价稳稳地占据着洗护发类产品1/3的市场。我们今天依然可以看到，450ml的蜂花洗发精售价只有8.3元，450ml的蜂花营养护发素只有8.9元。蜂花的“不涨价”不是不与时俱进，而是反其道而行之的行销“利器”。

### 1. 低价格的错位竞争

蜂花产品的市场定位主要着眼于低端市场，它以持续的低价格牢牢把握住这一市场。蜂花作为行销多年的老品牌，一直拥有广大的消费群和坚实的市场基础，这部分消费人群多是国内二、三线城市消费者及一线城市低收入者。如今，蜂花实行产品多元化的策略，在占领国内市场的基础上，逐渐倾向于第三世界国家的消费者。

目前日化品生产企业主要面向城市中高端消费者，做的产品也是针对这一人群的中高档产品。而蜂花恰恰看到的是中低端市场，这个市场虽然价格较低，利润空间有限，但消费人群的基数庞大，恰好可以实现薄利多销。

### 2. 不涨价也是一种自我保护

名牌产品价格高，利润空间大，往往会引起不法竞争者的仿冒，甚至带来一些负面影响。而蜂花的低价格则有效避免了这方面的问题。因为蜂花的利润空间比较低，依靠大规模生产和大规模的销量来盈利，而小厂家生产能力有限，如果仿冒往往得不偿失。

例如我们在购买名烟名酒时经常怕买到假的，而价格较低的地方特色烟酒反而没有假冒品。因为仿冒者会考虑到机会成本，既然同是冒一次险，当然会选择利润大的来做了。蜂花的低价位，低利润空间，在这方面有效地规避了仿冒风险，也是一种自我保护的手段。

**3. 不涨价，赢得消费者**

蜂花是上海老品牌，在上海及江浙等周边地区护发品市场中占有绝对的份额。多年积累下的品牌优势在中国中低端消费者心目中根深蒂固。蜂花不做各类广告，就是靠消费者的口碑赢得市场。

我们每天都会看到关于洗护发产品的明星代言广告，这些宣传费用都将计入产品成本转嫁到消费者身上。而蜂花产品从不做这样的广告宣传，节约了大量的销售费用，同时也能够保证产品的较低价位，也就更能受到消费者的支持。这样也形成了一个良性循环。

**4. 有创新的“不涨价”**

在人们心目中，低价格意味着没有进步，没有改变，没有创新。但是，任何一款产品，如果要想赢得消费者，必须紧跟时代的步伐，不断地推陈出新、与时俱进。

蜂花的低价是保证质量前提下的、有创新的低价。在国内，蜂花首先提出了“洗护分开”的产品理念，这一理念现在已经为广大生产商和消费者所接受。而且，蜂花在充分了解市场需求的前提下，不断地开发新产品，如植物精华、乳霜、蛋白质护发素等，还赢得了相当部分的高端消费者。特别是蜂花护发素，获得全国护发品中唯一一个中国名牌产品称号。

物美价廉，说起来容易，做起来难，坚持几十年如一日更难。在日化品领域，国外很多品牌都在觊觎中国这个崛起中的巨大市场，他们的崭新面貌对于中国消费者来说是一种巨大的吸引力。在这种劣势下，老牌国内企业如何延续一贯的品牌优势而不被市场淘汰？蜂花的做法值得我们深思和学习。

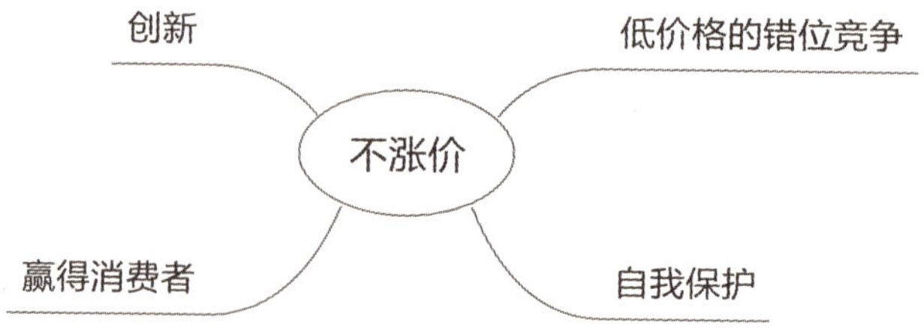


图 3-4　蜂花的营销之道

零售公开课

物美价廉是永远的产品制胜之道。要保证“物美”就需要不断创新，开发新产品，才能持续保护优势地位，持续拥有消费者。

新品牌靠广告攻势，老品牌靠口碑营销。销售费用的减少也是维持“价廉”的一个因素。

## 益丰药房：廉价优质，开创药房湘军大时代

历史上，曾国藩率领的湘军所向披靡，以勇猛著称；在商海，湘商也以其杰出的商业智慧杀出一片天地。益丰药房就是湘商的典型代表。益丰药房是一家全国大型平价药品超市连锁企业，它于 2001 年建立，截至 2014 年底，拥有 810 家实体门店，遍及湖南、湖北、上海、江苏、江西、浙江六省市，位居中国连锁药店综合实力榜第六位。2015 年 2 月 17 日，益丰药房成功在上海证券交易所上市，成为中国第一家沪市主板上市的连锁药店。那么，益丰药房是凭借什么在专业壁垒极高的医药市场上杀出重围，开创了药房湘军的大时代呢？无他，仍然是廉价优质的不二法门。

## 低价是益丰药房成功的起点

根据MDC（一种数据采集的软硬件方案）数据统计，益丰大药房自2011年到2014年，连续四年在中国药品零售企业综合竞争力百强榜排名第六位，并获得2014年成长力冠军。2014年营业收入约为22亿元，同比增长了23.6%；净利润为1.4亿元，同比增长了42%。

益丰药房一路走来，不断发展壮大，得益于其一如继往的低价战略。在中国，一直存在以药养医的模式，医院药品价格居高不下，但是却占据了药品销售的绝对优势份额。药品零售店补充了药品的供应形式，因为价格较低，受到了越来越多患者的认可。“药价平民化”一直是与百姓利益息息相关的热议话题。益丰药房可以说是“药价平民化”的践行者。

2001年，益丰药房董事长高毅在湖南常德开了第一家药店。这个药店在当时有两点与众不同：

**1. 当地第一家“平价药房”**

益丰药房的药品价格“比国家核定零售价平均降低45%”，一下子把行业毛利率从30%降到6%，行业交易模式也由过去的“高毛利低周转”转变为“低毛利高周转”。益丰药房的平价销售策略迅速吸引了消费者。

**2. 可复制的开店模式**

益丰药房的店址选在三四线小城市，采用密集开店的方式。比如一个县城，益丰会开一家旗舰店；同时，再在周边铺两三个小店。这样，益丰药店就像连锁超市一样，能够立刻占领当地的药品市场，不给其他的竞争对手留一点机会。在益丰药房选购药品也像在超市选购商品一样，在货架上自行挑选。益丰创业初期，就是凭借平价的销售策略和可复制的开店模式，迅速冲进并且占领了医药市场。

益丰每到一处，就以低价优势吸引用户，打开销路，以可复制的铺店方式占领市场。益丰的模式带动了整个医药行业的改变。如今，连锁平价药店已经遍地开花，比如老百姓大药房、云南一心堂等。市场的发展规律总是以消费者为中心的，垄断企业会在竞争的趋势下逐渐失去垄断地位，而价格更低、更亲民的医药产品会更受到消费者的欢迎。这样就催生了医药类新的商业模式。益丰药房较早地以超市的模式经营药品，削低药品价格，方便患者购买，种种举措都是迎合市场发展趋势的，为它今天的成功奠定了良好的开端。

## 创新是益丰药房走向成功的动力

常言道：良好的开端是成功的一半，但是开局良好，半途失利的例子也有很多。例如诺基亚手机，曾经创造了连续 14 年市场销量第一的业绩，但是面对智能手机的崛起，却逐渐失去了竞争能力，2013 年被微软收购。2014 年 4 月 25 日，创造了一代辉煌的诺基亚正式退出了手机市场。诺基亚轰轰烈烈的开场获得凄凄惨惨的收尾，其主要原因之一就是面对新的市场形势没有迎头赶上。无数的事实证明，创新才是企业长足发展的动力，谁停下了创新的脚步，谁就可能被市场淘汰。

益丰药房开辟了医药连锁超市，这是个良好的开端。但是益丰站在成功的起点，却从来没有忘记探寻、追赶、引领市场的步伐。高毅表示益丰药房的成功缘于“三大纪律”，即：永远聆听客户的声音，不断进行服务和商业模式的创新，通过精细化管理确保创新力。这三大纪律无一不是围绕着创新展开的。

“永远聆听客户的声音”在益丰已经是常态化、制度化的规定。益丰药房的高管每月必须有两天深入门店交流，以便发现问题，发现创新的点子。例如益丰的“三得利”模式就是在实践中得来的。在以往，药品都是由生产商通过代理商销往药店的，代理商通过药店导购来提升销售。高毅在门店走访时发现，这种导购模式容易让客户产生反感。于是高毅开始游说上游厂家，取消代理商和导购，而把节省下来的费用，让利给客户、益丰、厂家，这就是客户、益丰、厂家三方得利的“三得利”模式的由来。“三得利”模式避免了客户对过度促销的不好体验，满足了持续降低药价的需求，创新了药品利益链的重新分配。

“客户就是上帝”是零售业的金科玉律，只有深入基层，深入一线，才能切实了解客户的需求是什么，才能使经营策略不脱离实际，进而获得创新的原动力。可以说，益丰的成功是敢于尝试、善于创新的结果。益丰从小到大、从弱到强的发展之路为各行各业的发展起到了一定的示范作用。

## 线上线下，双翼齐飞

“互联网 +”成为当今经济发展的主旋律，O2O 电商热潮犹如一阵飓风瞬间席卷了各行各业。阿里巴巴、京东商城、腾讯等互联网巨头也纷纷进军医药电商领域。据中国电子商务研究中心监测数据，天猫医药馆 2013 年交易规模达 20.4 亿元，占国内医药电子交易 47.89%，同比增长 172%。依据国家食品药品监督管理总局的数据统计，截至 2015 年初，全国有 368 家药品企业有资格在互联网进行药品交易，而且呈增长趋势。其中这 368 家企业中有 270 家企业有资格以 B2C 模式进行网上售药。在这种大趋势下，惯于创新的益丰药房自然不会落后。

益丰药房早在 2013 年就已经开始启动电商平台，现已建成 B2C 模式的益丰网上药店官方商城。同时，益丰药房在天猫医药馆、京东商城都开设了旗舰店。益丰药房正在着力打造线上线下融合增长的 O2O 业务模式，凭借益丰庞大的会员基数，积极发展药事咨询、诊疗，慢性病管理，线下商品交付等线上线下服务功能，为消费者提供全新的互联网药事服务体验。

同时，益丰也认为药品不同于服装、电器等普通商品，消费者在购买时，更希望得到专业的指导和服务，这意味着实体药店不可能被电商完全取代。因此益丰表示，实体店是“立身之本”，电商是“腾飞之翼”，线上线下、双翼齐飞才是长久的发展之道。当然习惯于以创新取胜的益丰药房也在不断调整自己的战略布局。在实体店方面，益丰正在尝试健康服务领域的产品延伸。在益丰药房，消费者不但可以买到需要的药品，还可以买到保健品、养生食品、健康护理品等。总之，关于健康，你所需要的一切，在这里都可以一站式购齐。

中国正面临着医疗体制的改革，“以药养医”的现状亟待改变；而另一方面，我国人口老龄化趋势明显，随着人们生活水平的提高，对健康更为关注，对医药的需求还在增加。因此，在高毅看来，药品零售行业将是永不落幕的朝阳行业。“药品零售行业正站在整合的风口。药店不会被取代，只会有新的模式补充进来，医药分开政策一旦实施，将给药品零售市场带来几何量级的增长。”对于未来，益丰药房充满期待，将致力于打造一个客户信赖和社会尊重的连锁药店领导品牌！

零售公开课

思路清晰远比卖力苦干重要，心态正确远比现实表现重要，选对方向远比努力做事重要，做对的事情远比把事情做对重要。

市场的发展规律总是以消费者为中心的，垄断企业会在竞争的趋势下逐渐失去垄断地位，而价格更低、更亲民的产品会更受到消费者的欢迎。

## 沃尔玛：天天低价

沃尔玛超市的创始人，被称为“连锁超市之父”的山姆·沃尔顿先生，于 1962 年在美国阿肯色州的一个小镇开了第一家沃尔玛超市，自从开业的第一天，“天天低价”就成为沃尔玛超市的基本经营理念。如今，时间过去了半个世纪，沃尔玛超市也成长为世界最大的连锁零售企业，遍布全球数十个国家，然而“天天低价”的原则却始终如一。可以说“天天低价”是沃尔玛最具竞争力的口号，也是沃尔玛超市发展壮大起来的立足点。

### 天天低价，始终如一

沃尔玛从建立第一天起，就把“天天低价”作为自己的价格策略和经营信条，沃尔玛的任何商品价格定得都低于其他零售商的价格，确保同样品质、品牌的商品价格最低。沃尔玛的任何一位员工，如果发现某个商品在其他商店的价格更低，他就有权把沃尔玛同类商品的价格降低。这种授权可以督促沃尔玛的"天天低价"策略落到实处。

沃尔玛的"天天低价"不仅仅表现在同品类商品的价格最低，还在于其努力提高商品的附加价值，为客户提供周到热情的服务。沃尔玛的低价不代表服务质量差；相反，低价也有高质量的商品和服务。

沃尔玛努力为客户提供优质服务，让客户在购买商品的同时享受到优质周到的服务，例如免费停车、免费咨询等服务内容。特别值得一提的是，在沃尔玛设有"山姆休闲廊"，几乎是把糕点房搬进了商场，客户在购物辛劳之余可以享受各种风味美食、新鲜糕点。为了方便客户，沃尔玛超市内还设有商务中心，为客户提供复印、文件制作、高速文印等服务。

有这样两句话，你一定不会感到陌生：第一条，客户永远是对的；第二条，客户如有错误，请参见第一条。这两句话被演绎成各种各样的令人捧腹的段子。但是，你知道吗？这两条规定来自沃尔玛超市，而且沃尔玛超市是完全严格地执行这两条标准的。客户是商家的"衣食父母"，任何一个成功的企业无一不是"客户就是上帝"的践行者。低价格是吸引客户、聚集客户的最有效的方法，但这只是第一步；以客户为中心，为客户服务才能维系客户忠诚度和依赖感，是企业发展壮大起来的关键步骤。

## 为客户节省每一美元

"为客户节省每一美元"是沃尔玛的原则。在为客户节省每一美元的同时，就是节约了一美元的社会价值，就是沃尔玛又增强了一分竞争力。可以说，沃尔玛能够始终保持强大的竞争力，更重要的一点就是这种节约意识。沃尔玛的低价不等于廉价，相反，低价是高质量的低价。沃尔玛绝不通过降低商品质量来实现低价，而是通过有效科学的管理手段来控制成本，从而降低商品价格。

### 1. 降低产品进价，控制采购成本

沃尔玛的商品都是从厂商处直接采购，避免任何中间环节的加价。另

外，沃尔玛的经济实力是其具有强大议价能力的基础，保证沃尔玛能以最优的进价采购商品。随着沃尔玛超市在全世界铺店，实现采购本地化也是节约成本的好办法。例如在中国，沃尔玛 95% 的商品都是中国本土制造的。这样，既节约了成本，又照顾到当地客户的消费习惯。当然，沃尔玛能够把采购成本控制得这么好，各个部门的采购人员也功不可没，他们认真地与供应商议价砍价，即使是只能便宜一分钱，也不会放弃。控制采购成本是沃尔玛实现“天天低价”策略的坚实基础。

**2. 建立现代化的物流配送中心，控制配送成本**

现代化的物流配送中心、完善的物流管理系统可以大幅度地提高效率，降低成本。沃尔玛斥巨资建立了卫星通信网络系统，这套系统使配送中心、供应商和每一销售点都能联网，几个小时内便可完成“填订单→订单汇总→送出订单”的整个流程。沃尔玛拥有高效率的配送中心，供应商会根据各分店的订单将货品送至沃尔玛的配送中心，配送中心 85% 都采用机械处理，完成对商品的筛选、包装和分检工作。沃尔玛的机动运输车队是其供货系统又一巨大优势。沃尔玛可以保证进货从仓库到任何一家商店的时间不超过 48 小时，沃尔玛分店货架平均一周补货两次，远远高于同行业的平均水平。这些策略，都极大节省了配送成本，构成沃尔玛“天天低价”策略的有力保障。

**3. 勤俭节约，降低管理费用**

沃尔玛的每一位员工都以“为客户节省每一美元”为己任，厉行勤俭节约。在沃尔玛的办公室里，没有任何豪华的装修和用具；沃尔玛员工出差只能住两人一间的普通旅馆；沃尔玛的高管从来不设单独的办公室，而是和下属们挤在一起办公。沃尔玛规定整个公司的管理费用不能超过公司销售额的 2%，而该行业管理费用的平均水平为销售额的 5%。

此外，沃尔玛不会放过任何一个可以降低成本的环节。例如仓储成本、库存成本、广告费用等。在沃尔玛，对于任何提高成本的行为都会受到处罚，而同时，任何降低成本的举措也都会得到奖励。

奥地利经济学家提出了一条著名的“创造性地破坏”理论。熊彼特认为，创新就是不断地从内部革新经济结构，即不断破坏旧的、创造新的结构。沃尔玛超市可以说是创造性地破坏了零售业的旧秩序，把零售行业从高价格、低效率的状况改变为低价格、高效率的状态，为客户带来了实惠，也为自己赢得了利润。而且，沃尔玛的成功起到了示范作用，在全世界范围内形成了连锁超市的零售模式，带动了整个行业的改变和发展。

## 零售公开课

客户是商家的“衣食父母”，任何一个成功的企业无一不是“客户就是上帝”的践行者。

低价格是吸引客户、聚集客户的最有效的方法，但这只是第一步；以客户为中心，为客户服务才能维系客户忠诚度和依赖感，是企业发展壮大起来的关键步骤。

# 第4章

## 快速模式：
## 弯道超车，零售业的速度与激情

武侠小说中讲“天下武功，唯快不破”，企业经营同样如此。快能制胜，快能造成短缺，快能掩盖经营中的问题。对于零售业来讲，速度同样重要。建立在稳固根基上的快速模式，不仅提供了更多弯道超车的机会，同时也让我们见证了更多的速度与激情。

# ZARA：快速时尚，以快制胜

你像一阵风，捉摸不定；你像一片云，忽远忽近。如果用这句话来形容时尚界的主导行业——服装业，太恰当不过了。追逐潮流的消费者，常常陷入流行太快追赶不上的烦恼。对于主导时尚流行的服装品牌，如何把握时代脉搏，引领时代风潮，就更是一场对能力和实力的考验了。ZARA作为国际知名的服装连锁零售品牌，一直深受全球时尚青年的喜爱，它的经营理念就是快速时尚，以快制胜。

## ZARA 的“快时尚”理念

做服装生意，很多企业讲究薄利多销，靠量的积累实现盈利。因此流水线作业，大规模生产，生产出来的服装千篇一律，毫无特色。这样的同质化产品使得撞衫概率倍增。也有少数的服装大品牌，拥有全世界顶尖的设计师，生产的服装的确够时尚、够品味，但是价格不菲，不是平民百姓所能消费得起的。相对比之下，ZARA 绝对可以算是服饰界的一个另类了。在整个行业要么同质化严重，要么价格高得让人望而却步的时候，它却打造出了一个少量、快速、平价的“快时尚”商业模式。简单地说，就是让平民拥抱时尚。

### 1. 少量，造成“短缺”

“少量”就是多品类少量生产，对于企业来讲，这不仅有利于把握个性化消费潮流，同时也有利于造成一种短缺的印象。

ZARA 考虑到一些消费者愿意为个性化产品买单的心理，提出了生产“与众不同”的产品的理念。多品类少量生产，在消费者心目中留下“短缺”的印象。

ZARA 一年大约推出 12000 种时装，但每一款的量都不大，即使是畅销款式，在一家专卖店中一个款式也就只有两件，而且卖完了也不补货。因为 ZARA 不想看到所有人都穿同样的衣服，ZARA 的宗旨就是为你打造个性化的服装品牌。

爱好收藏的朋友都知道限量发行，这是因为物以稀为贵，只有发行数量有限的邮票、纪念币等才具有收藏价值。从这个角度看，少就是多。ZARA 通过“多款式、小批量”方式，满足了大家的个性化需求，在全世界拥有了大批的忠实追随者。

**2. 快速，创造新鲜感**

“快速”体现为款式更新快，紧跟流行，使消费者新鲜感加倍。

ZARA 的服装款式更新非常快，设计师团队经常出席纽约、巴黎、米兰、伦敦等国际大都会的时装发布会，借鉴国际上顶级设计师的设计理念，并且融合 ZARA 品牌的独特元素，设计出既时尚又独特的 ZARA 品牌服装。常常是时装周刚刚结束两周，普通人就可以在 ZARA 门店里发现含有当季最流行元素的服装。

其他时间，ZARA 每周更新一次产品，从设计生产到运输上架的时间不会超过 15 天，一般为 12 天——而中国服装业的前导时间一般为 6～9 个月，国际名牌一般是 120 天。

另外，为了保证服装款式的更新速度，ZARA 对各家门店上货时间的期限作了非常严格的规定：其中西班牙和南欧分别在星期三下午 3 点和星期六下午 6 点截止，其他地区分别在星期二下午 3 点和星期五下午 6 点截止。无论何时，当你走进 ZARA 专卖店，都会看到限量供应的新款。

产品是企业的生命线，对于服装产品，适销对路的关键是时尚和流行。快速更新，确保紧随潮流，符合消费者的品味需求，这样才能吸引消费者不断光顾。ZARA 的特点就是够流行，够时尚。这也为其吸引了众多的消费者。

**3. 平价，让平民拥抱时尚**

平价销售是 ZARA 品牌的营销策略之一。平价就是以低价销售 ZARA 品牌服装，让平民拥抱时尚。

ZARA 的定价非常亲民，不到 50 美元的价格就能拥有一条融合当季最时尚元素的 ZARA 雪纺长裙。自从 ZARA 2006 年在上海开设了第一家门店，目前中国已经有了 100 多家 ZARA 的门店。其价格优势也是 ZARA 品牌在中国畅销的原因之一。例如白领女性的职业装，其他品牌动辄上千元，而在西单 ZARA 门店，一些具有时尚元素的职业装价格才几百元。

以最合适的价格、最快的速度享受时尚和品质，ZARA 品牌服装很好地实现了这几个方面的结合。因为他们看重的就是渴求时尚产品，而又不具备消费高档奢侈品能力的消费人群。迅速更新的时尚低价产品正好可以满足这类人群的需求。

## ZARA 的极速供应链

ZARA 处处与服装业普遍行业规则背道而驰：其他服装商单一品种大批量生产，ZARA 则多品类少量生产；其他服装商都把产品生产环节外包，而 ZARA 牢牢地把剪裁、染色、制衣各个环节控制在自己手中；其他大品牌都采取高价的高端路线，而 ZARA 则走的是低价亲民路线。

而这种“快时尚”的服装模式，依靠的则是从设计、购料、生产、物流、上架，甚至管理的每一个环节都能高效快速地做出反应。ZARA 正是通过这条极速供应链，才使得“快时尚”由理念变成了现实。我们可以将 ZARA 与同行企业的各项指标比较（见表 4-1）。

表4-1　ZARA与同业各项指标比较

| 比较内容 | ZARA | 同行企业 |
|---|---|---|
| 从产品设计到上架时间 | 10 ~ 15天 | 6 ~ 9个月，国际品牌平均120天 |
| 库存年周转次数 | 12次 | 1.2 ~ 1.8次，一流的服装企业3 ~ 4次 |
| 年均推出产品款式数量 | 12000多种 | 中国服装业年推出上千款的非常少 |
| 客户年平均光顾次数 | 约17次 | 行业平均水平3 ~ 4次 |

那这样的成绩是怎样取得的呢？

### 1. 标准化的信息系统

ZARA 总部采用标准化信息系统。标准化信息管理保障了设计团队的高效运作，他们可以根据时尚信息，最快地设计出新的服装款式，下达裁剪、生产指令。

ZARA 的设计师在全世界各个时尚中心和各种时尚场合获取的最新的设计理念都被汇聚传输到 ZARA 总部办公室里。这些信息被分类存储在数据库各个模块里。这样就保证了 ZARA 的设计师对世界流行趋势的把握是及时准确的。而数据库信息模块是和原料仓储模块链接的，设计师们还可以比较时尚信息和库存信息，尽量利用现有原料设计服装款式，防止造成库存的积压和浪费。

2. 先进的国际管理系统

同时，ZARA 采用了国际先进水平的管理系统，配置了远程网络度身定制 CAD（计算机辅助技术）系统，形成采购、设计、销售的一体化，以提高效率，满足客户需求。

ZARA 的零售只设专卖店，店长都有一台定制的手持式 PDA（个人数字助理），保证与西班牙总部的即时密切联系。PDA 内置总部的订货系统和产品系统模块，每个门店经理发现某种产品库存不足时，直接向总部发出订单。每隔半小时，ZARA 服装各部主管就会根据销售系统的信息，实现自动控制，实时补货，而总部也可以直接掌握每一家门店的情况。

3. 供应链的精准把控

ZARA 对供应链的控制非常精确，这样精确的控制是 ZARA 服装及时传递、快速更新的保障。

ZARA 只有极少数的服装款式在亚洲生产。ZARA 在生产基地西班牙设立了 20 个高度自动化的染色、剪裁中心，把劳动密集型作业程序分包给周边 500 家小工厂。ZARA 把整个生产基地方圆 200 英里的地下都挖空，架设地下传送带网络。每天新订单下单，原料备送、成品输送都通过地下传送带即时传递。在欧洲，成品两天内就可以保证送达。而对于美国、日本等远距离市场，ZARA 不惜成本坚持采用空运提速。

正是基于以上几点，如今，“快时尚”经营取得了巨大的成功，ZARA 公司也成了全球排名第三、西班牙排名第一的服装商，拥有 6000 多家专卖店，遍布于全世界 80 多个国家和地区。ZARA 成为全世界时尚者追逐的名牌。天下武功，唯快不破——ZARA 创新商业模式的成功再一次印证了这个道理。

零售公开课

移动互联网带来的最显著的变化之一就是快。

少量、快速、平价，ZARA 的“快时尚”商业模式，不仅让其始终在同行中保持优势地位，而且也使得“快时尚”的理念逐渐成为自己的一个标签。

## 三只松鼠：如何在半年内实现 4 亿元销量

“三只松鼠”是一家新型食品零售企业，主要经营干果系列、坚果系列、花茶系列三类产品。它利用 B2C 平台实行线上零售，这种零售模式拉近了用户与商家的距离，让用户享受到完全新鲜的小食品。在“三只松鼠”之前，还没有线上销售食品的先例。在人们的常识中，服装、电器甚至化妆品等都可以在线上购买，但是食品类入口的东西还是眼见为实，不愿意通过线上购买。“三只松鼠”不但开创了一个快速、新鲜的新型食品零售模式，而且还迅速受到用户的欢迎和认可，自从 2012 年成立以来销售额屡屡刷新纪录，仅 2014 年上半年就实现销售收入 4 亿元人民币，其发展速度之快也创造了中国电子商务历史上的一个奇迹。

### 小坚果做出大生意

“三只松鼠”屡屡创造销售奇迹：2014 年上半年实现 4 亿元的销售额；2014 年“双 11”一天就创下了 1.02 亿元销售额；2015 年第一季度销售额已经达到 10 亿元人民币，预计全年实现销售收入 20 亿元。一个以干果、坚果等传统农产品为经营对象的小公司竟然获得如此惊人的销量，着实让人惊叹；然而在“三只松鼠”快速成长的背后又蕴含着怎样的经营之道，也着实让人深思。

“三只松鼠”的价值观就是以“使企业离消费者更近”为核心，食品类商品最重要的一点就是保证新鲜，保证新鲜度也就是保证了质量，保证了健康。为了确保食品可以新鲜、快速地到达用户手中，“三只松鼠”在产品、物流、管理等各方面都下了大功夫（见图 4-1）。

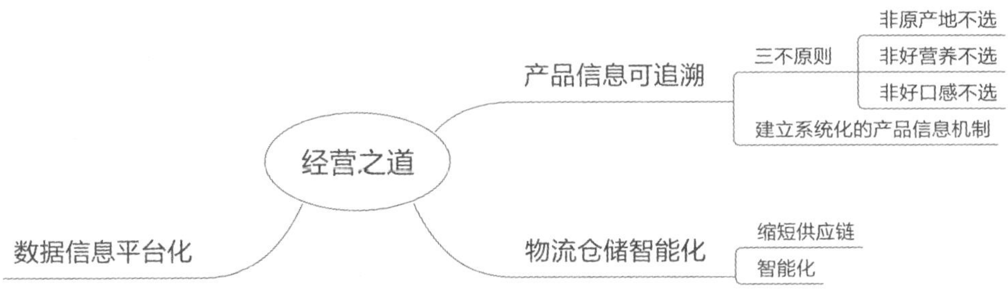


图4-1　三只松鼠的经营之道

1. 产品信息可追溯

“三只松鼠”以为大众寻找最好的森林食品为宗旨，对原料选择有“三不原则”：非原产地不选；非好营养不选；非好口感不选，坚持使用原产地、原生态、未经深加工的原料。而且它还建立起系统化的产品信息机制，让产品信息可以追溯到源头。目前，“三只松鼠”在全国有百余家原产地供应商。

2. 物流仓储智能化

为了确保产品新鲜，“三只松鼠”尽量缩短供应链，在全国设置物流可控制节点，完善物流仓储规划。例如它在成都建立了智能化物流仓储，通过电子拣货系统，大大提高了工作效率，节省了时间成本和人力成本。“三只松鼠”的产品从生产出来到发至用户手中，期限不超过一个月。这对于保证坚果类产品的质量和新鲜度非常重要。

3. 数据信息平台化

“三只松鼠”自主研发建立了完善的数据信息系统平台。通过这个系统，“三只松鼠”的每一包坚果都能做到品质与服务的可追溯。只要扫一下二维码，输入可追溯码，这袋坚果的来源、加工、质检、服务等环节都可以一目了然，甚至包括通过哪个客服沟通的、哪个工人分包的、哪个快递员发出的等细节。因此，“三只松鼠”通过这个数据信息平台不但可以控制产品的质量和流通环节，还可以进行人员管理。

“三只松鼠”的创始人兼CEO章燎原说：“我们搭建了一个平台，让消费者跟我们无缝对接，让他们直接来评价我们。未来互联网组织架构的变革，就是让你的客户完全说了算。”“三只松鼠”构建了原料、加工、服务的全供应链整合运营模式。高效的管理手段带来了极致的用户体验，也带来了“三只松鼠”的飞速发展。

## “三只松鼠”创造的营销神话

章燎原在电商业界素有“电商品牌倡导者”的称号。这一次，他用一年时间打造出“三只松鼠”这个互联网食品第一品牌，也验证了其品牌营销理念的先进性，以及能够迅速掌握消费者心理的能力。

从品牌营销来看，一个恰到好处的品牌名称可以对产品宣传起到事半功倍的作用。一个好的品牌要体现鲜明的产品定位，富有文化内涵，与产品相得益彰，这样才可以形成用户对该品牌的认同感，形成品牌的忠诚度。因此我们说，品牌是一种文化。

松鼠的食物是坚果，“三只松鼠”的动漫LOGO让人一下子联想到坚果。而且松鼠的形象很萌，特别能赢得80后、90后群体的喜欢，极具亲和力。“三只松鼠”以松鼠形象为核心，建立了松鼠家族，每个客服都化身为一只松鼠，称呼用户为主人。用户购买“三只松鼠”的坚果的过程，就像在大森林里发生了一个童话故事一样，留下非常愉快的购物经历，自然“三只松鼠”的品牌形象就深入其心里了。

从服务营销来看，用户对于超过心理预期的服务格外印象深刻，往往在收获惊喜的同时，对该品牌的喜爱程度爆表。

“三只松鼠”本着“真好剥”的理念，不但把产品加工得很容易剥壳，还会为每一位用户附上小赠品：例如密封袋、纸袋、夹子、垃圾袋、纸巾、微杂志等。这些细致入微的服务让用户感受到温暖和贴心，从而增强了用户黏性。

“三只松鼠”的信息管理系统可以自动识别用户，了解他的购买频率，为其自动提供相应的折扣，甚至针对不同的用户邮寄不同的包裹，这样用户在“三只松鼠”购买商品每次都会收到不同的包裹。“三只松鼠”的这种方式对于了解自己的用户，并且有针对性地向其提供产品和服务，起到了很大作用。

从推广方式来看，微博、微信等互动性营销方式有利于拉近商家和用户的距离，营造了和谐的客商关系。另外，用户可以直接通过微博、微信发表意见、评论，这些信息及时反馈到商家，对于改善产品和运营都会有一定的帮助。

“三只松鼠”在新浪微博上有一个快乐的松鼠家族，章燎原自称为松鼠老爹，还有松鼠小贱、松鼠小美、松鼠小酷、松鼠服务中心等，形成了一个松鼠互动系统，和用户及时沟通，增加用户的活跃度。

随着微信的普及，“三只松鼠”除了微博，也展开微信推广，主要通过官方订阅号和公众号向用户推送消息。为了更好地利用微信推广途径，“三只松鼠”还推出了一个很好玩的微信松鼠表情包，建立了“Ayo！松鼠、树洞笔记、松鼠 ins 图片”三大板块。

我们身处“互联网 +”时代，常常会谈到互联网思维，那么，什么才是互联网思维？最本质的一点就是以用户为中心。章燎原曾经说过：在移动互联网时代，你一定要做到让客户来找你，而不是你去找客户。要实现这一点，关键是为用户创造极致的体验。那么，怎样才能创造极致的用户的体验呢？一靠产品，好的产品会说话，这个道理谁都懂得。三只松鼠充分地运用了现代化的管理手段、信息技术，确保产品的质量和新鲜，使其快速到达用户手中。这无疑是形成良好用户体验的最重要的一点。二靠服务，通过超预期的服务让用户满意，用户进而就会记住产品，并成为产品的传播者，再通过社会化媒体的传播扩散，形成良好的口碑。

互联网为传统食品零售业插上了快速腾飞的翅膀，使其在产品生产、品牌营销、用户体验的维护等方面都如虎添翼。“三只松鼠”的成功不但缔造了电商奇迹，也为“互联网＋农业”提供了有益的启示。在互联网快速发展的时代，神话从来不是从天而降的，而是在深刻了解行业规律的基础上，与互联网技术、手段有效地融合而产生的。

**零售公开课**

世上本无移山之术，唯一能移山的方法就是：山不过来，我就过去。人生最聪明的态度就是：改变可以改变的一切，适应不能改变的一切。

先进的互联网技术、手段让传统零售业如虎添翼。在互联网时代，要树立“以用户为中心”的经商思维，做好产品，做好服务。如何实现传统零售业与“互联网＋”的深度融合才是关键。

## 屈臣氏：两天开一店，屈臣氏的逆势扩张逻辑

屈臣氏创建于1828年，是一个历史悠久的以经营保健和美容产品为主的品牌。屈臣氏的业务遍布全球，截至2014年底，屈臣氏在全世界经营超过11000家零售商店，其中在中国拥有超过2000家店铺。当前国内外零售业竞争异常激烈，崛起中的电商也对零售市场形成了一股强大的冲击力，在这种并不乐观的情势下，屈臣氏却逆风而行，开启了快速扩张的战略，平均两天开一家店。这种逆势扩张之中是否蕴含着合理的逻辑呢？让我们随着屈臣氏扩张的脚步，去探寻一下个中情由。

### 深刻理解市场

近几年来，屈臣氏的门店扩张速度可谓突飞猛进。2011年在中国的门

店数量达到1000家；2012年突破1400家；2013年，屈臣氏在安徽开了第1500家门店；2014年12月2日中国屈臣氏第2000家店在天津开业；而根据屈臣氏最新的计划，到2016年底屈臣氏内地门店将达到3000家。平均两天就开1家新店，这样的铺店速度恐怕只有屈臣氏能够做到。

零售业从单一的门店经营转向连锁超市模式，其关键就是扩大经营规模，形成规模效应。现代的物流、仓储手段和信息技术又为连锁经营提供了充分的技术支持。因此，多开门店，占领更多的市场，就意味着可以获得更多的利润。但是门店扩张绝不是盲目的，而是在对市场有深刻的理解之上的，有计划、有战略地进行。纵观屈臣氏的门店扩张战略，在这一点上可见一斑。

早在1989年屈臣氏就进驻中国内地市场，在北京开了第一家门店。早期屈臣氏的门店选址多在临街旺铺，随着中国商业地产的快速发展，屈臣氏选址策略改在了发达商圈和购物中心。从2007年起屈臣氏开始了全国门店的扩张工作，店面首选在写字楼，还有商业区以及社区店铺，主要集中在北京、上海、广州、深圳等一线城市。从2011年开始，屈臣氏深入二三线城市，完成“百城千店”布局。如今，屈臣氏终端开始下沉到三四线城市，继续深耕中国消费市场。屈臣氏的门店扩张战略一方面从一线城市逐渐向三四线城市倾斜；另一方面，屈臣氏的门店选址大部分都在商圈、写字楼、社区超市等繁华地带，这在一定程度上也保证了屈臣氏的客流。

屈臣氏的门店扩张策略是紧紧伴随着中国经济发展的速度而来的。因为屈臣氏的产品理念是“健康，美态，快乐”，它希望带给人们美好的生活和对品质的追求，而随着人们生活水平的不断提高，三四线城市的消费者对提高个人护理品质的需求也在不断提升，相比一二线城市消费者，这个市场更加广阔，用户的基数更加庞大，那么对于屈臣氏来说，是难得的发展机遇。

随着电商的快速发展，对传统零售业形成了巨大的冲击；同时，一些大型连锁零售品牌在中国内地市场遭遇水土不服等问题，例如化妆品牌莎莎、连锁超市卜蜂莲花等，退出或者紧缩中国市场的消息不断传出。在这种不利局势下，屈臣氏却逆风而动，快速扩张壮大，其中更多的是源自对内地市场的充分了解。

## 精准定位用户

屈臣氏的规模扩张来自市场的需求，其中屈臣氏独特而精准的用户定位，功不可没。在零售行业，产品竞争日益同质化，只有那些更符合用户需求和能为用户提供更优质的购物体验的产品才能赢得市场。而精准锁定目标用户群是实现销售的基础。

屈臣氏以经营保健和美容产品为主，根据自己的产品特征，屈臣氏将目标用户锁定为18～35岁，并且有一定消费能力的女性群体。因为年龄更大的女性已经有了自己的消费习惯和消费品牌，不容易改变；而年龄更小的女性对美容保健的需求不强烈，那么这个中间年龄群体，对美容保健产品的需求是最强烈的。这个群体拥有一定的收入，也就有了一定的消费基础；但因为忙于工作，去大商场购物的时间有限，喜欢简单而舒适的购物环境。而且，这个人群处于喜欢接受新鲜事物、迎接挑战的年龄段，注重个性化和品质，愿意尝试新的产品。总之，这个群体的消费特征非常符合屈臣氏的商品定位。

### 1. 专业化形象

在国内，屈臣氏是第一家以“个人护理”概念经营的门店。这是因为精确锁定目标消费群后，屈臣氏进而提出了“个人护理”的专业化服务和营销概念。

店里针对个人护理提供了完备的产品线，而且为了方便用户挑选、购买，商品的陈列也按照化妆品、护肤品、美容用品、护发用品、时尚用品、药品的顺序分类摆放。同时，屈臣氏有自己的健康顾问队伍，免费提供各种皮肤护理等专业咨询服务。店内设有资料展架，陈列着各种资料手册，比如个人护理、保健营养、疾病预防等，让用户免费浏览。这样无论是店内的氛围，还是服务人员的专业素养都凸显屈臣氏的专业化，也树立起了屈臣氏个人护理专家的品牌形象。

### 2. 自有品牌战略

当零售卖场的自有品牌的销售量和种类达到一定比例时，商家对于渠道的控制能力就会增强，就更容易形成自己的品牌优势，在议价能力、供货渠道等方面的话语权就会增强。

屈臣氏拥有1200多种自有品牌的单品，例如洗发水、面膜、沐浴露等，其销售占比已达到15%。那么，屈臣氏是如何发展自有品牌的呢？为了确保产品可以符合既定目标消费群的需求，屈臣氏开发产品之前会进行深入的市场调研。例如屈臣氏建立了“模拟店铺”，统计出每月最热销的代理品牌商品，然后复制出与该商品近似的自有产品。

屈臣氏通过产品特征决定目标用户，通过精准的目标用户定位，进一步开发自有品牌，这样专业化、个性化、针对性强的产品自然会得到市场的热烈响应。也难怪屈臣氏的扩张之路那么有底气了。

根据中投顾问的数据显示，2013年中国化妆品零售总额累计达1625亿元，2014年达到1825亿元，同比增长10%。我国化妆品总体消费水平仅次于美国，成为世界上化妆品的第二消费大国。而且从中国庞大的人口数量，以及日益增长的消费水平看，中国化妆品市场潜力巨大。也正是在这样的趋势之下，屈臣氏才会大举走上扩张之路。

截至2014年底，屈臣氏在中国内地共实现销售收入163.81亿元，同比增长14.0%；门店增长至2088家，同比增长了23.3%。

通过屈臣氏的业绩表现充分说明，屈臣氏的逆势扩张是有其行业背景和自身因素的。从行业因素来看，化妆品市场是一个潜力巨大的市场，尤其是三四线城市用户购买力增长迅速；从品牌自身来看，屈臣氏的精准目标定位和产品定位是形成扩张优势的基础。总之，屈臣氏看似逆势而动，实则顺势而为。

零售公开课

一个零售企业能否够顺应市场趋势，是其生存的前提，也是其扩张的基础。

产品与用户定位是相辅相成的，精准的用户定位是满足用户需求、开拓更大市场的基础。

## 永辉超市：现金流充裕的扩张型龙头超市

永辉超市以生鲜经营而崛起，10年来，始终坚持自己的特色，开创了中国超市行业新的蓝海。从2004年以后，永辉超市进入到快速扩张时期，截至2014年底，其开业门店总数计338家，遍及17个省市。永辉超市的成功缔造了超市的“永辉模式”，其快速发展证明了“永辉模式”创新的力量。

### 独到的生鲜经营

超市里最难经营的是生鲜部。蔬菜、水果、水产、肉禽等商品因为和老百姓的生活息息相关，最容易吸引消费者，因此在超市行业流传着“生鲜活，超市活”的说法。但是因为购买生鲜类产品的大部分是家庭主妇，这类商品的价格就成为影响消费者购买的最敏感的因素。同时，超市的生鲜新鲜度和价格往往不及农贸市场，而且损耗比较大，浪费现象比较多。因此超市的生鲜部往往是赔本赚吆喝，看着热闹，实现盈利很难。永辉超市运用的是逆向思维，迎难而上。既然生鲜很难做好，那么就从生鲜做起。

永辉超市的目标市场定位为家庭主妇和上班族，商品定位以农副产品为主。永辉超市的生鲜经营的面积占到整个超市的40%以上，销售额占到总销售额的50%以上。

我国主要城市的超市市场被国内外那些资金雄厚的大型连锁超市所占领，例如沃尔玛、麦德龙、世纪联华、好又多等。无论是规模、资金，还是技术、管理，刚刚起步的永辉超市在各方面都差很多。那么，作为一个私营的地方性小企业，如何才能获得生存和发展的机会呢？就是靠提供差异化的产品和服务。如何才能提供与大超市不同的优势产品呢？永辉超市的创建者张轩松决定剑走偏锋，主打生鲜产品。张轩松创造性地摒弃了一般超市主营服装、日用品、家电的模式，建立起以经营海鲜、农副产品、餐桌食品为特色的连锁店。这样既能避免与大超市的正面冲突，又获得了差异化发展的机会。永辉超市就是依靠这样的市场定位逐步壮大起来的。

素有“中国超市之父”之称的上海商学院教授顾国建先生，曾经对永辉模式做过专题研究，他说：“‘农改超’在全国许多地方都遭遇失败，但福州的永辉超市却愈做愈大，在福州这样一个零售业发达，沃尔玛、麦德龙、好又多、世纪联华这些国内外著名大超市集中的城市里，永辉能取得今天的成绩，实属不易。”那么，永辉超市是如何把生鲜超市做成功的呢？

1. 价格优势

生鲜渠道一般是从产地到采购商、批发商，再到超市采购员这样的传统渠道，因此超市生鲜价格一般偏高。而对于经常采购生鲜品的家庭主妇来说，价格又是一个敏感因素。如何才能把超市生产鲜品的价格降下来呢？那就是减少中间环节，降低采购成本。

永辉超市实行“产地—超市采购员”的扁平化渠道，搞自营直采。永辉进货量比蔬菜批发商更具优势，因此更具有议价能力，可以以较优惠的价格批发蔬菜。直接从产地直采，减少了蔬菜批发商等中间环节，降低了采购成本，同时减少了运输时间和存储环节，节约了成本。成本下来了，生鲜品的价格就相应降下来了。这样永辉超市的生鲜品大大增加了竞争能力，吸引了客户前来购买，这样销售速度、周转速度加快，损耗也就减少了。

2. 快速的物流配送

生鲜品最重要的一点就是要新鲜，谁都喜欢购买新鲜的蔬菜水果，保证生鲜品的新鲜度，就需要快速的物流运输。

在福建，永辉超市的第三方物流车队把生鲜品直接运到福州市近郊的配送中心，再进行每个店铺的配送，每部车都有固定路线。海南摘下的荔枝通常都是凌晨运货，叶菜也是每天凌晨发到超市。因为当地人习惯每日早晨买菜，永辉超市把营业时间调整为早晨6点半。

3. 独创的假底陈列方式

商品的销售额与商品是否能吸引到客户有很大关系。事实证明，超市里商品摆放是一门学问。如何把商品摆放得美观、方便、实用，不但可以提升销售量，还能提升卖场形象，减少损耗量。

永辉超市采用假底陈列方式。什么是假底陈列？就是根据商品不同形状来制作销售台面的假底，使整个陈列面保持在同一平面。假底的尺寸根据商品的高度、大小来决定，要用最少的商品，陈列出最丰满的台面。比如陈列黄瓜时，设定陈列高度为3层，那么黄瓜假底就大约是2根黄瓜的高度，这样，只要在陈列台的边缘处摆放3层黄瓜，而在陈列台的中间部分摆放1层黄瓜，就可以令台面感觉很丰满，中间就减少了2层黄瓜的损耗陈列量。

永辉超市首创了以经营生鲜农产品为主的超市模式——“永辉模式”（见图4-2），其很多经营方式现在已经被超市行业所学习、采用。永辉超市经过十多年的创新和发展，也已成长为大型的企业集团，成为零售业的龙头企业。根据永辉超市2014年度业绩预告，该公司2014年全年实现营业收入367.69亿元，同比增长20.38%；实现净利润8.51亿元，同比增长18.05%。永辉超市的成功让我们学到了差异化经营的策略。

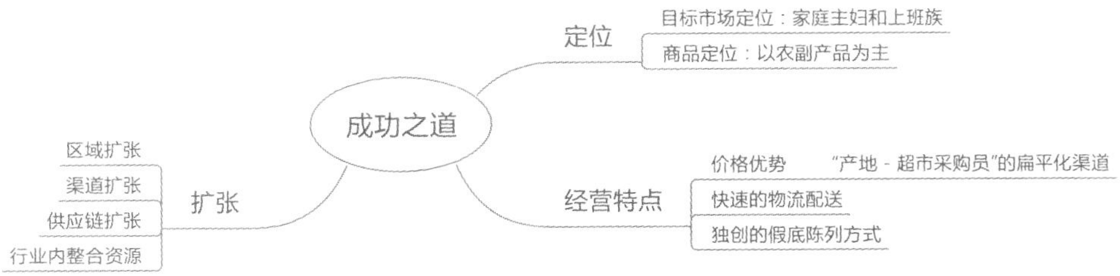


图4-2 永辉超市的成功之道

## 快速的扩张之路

2010 年 12 月 15 日，年轻的零售业巨头永辉超市在上海证券交易所正式挂牌上市，发行价格每股 23.98 元，发行规模为 1.1 亿股，发行后总股本不超过 7.68 亿股，净募资 25 亿多元。永辉超市从上市以来，获得了充分的资金支持，进入一个快速扩张的全新发展阶段。

### 1. 区域扩张

永辉超市 2014 年新增 54 家门店。店面主要分布在重庆、安徽、广东、北京等地区，这体现了永辉超市以福建为中心，辐射华东、华北及西南区域，最终实现布局全国的战略。

### 2. 渠道扩张

2015 年，永辉超市新的电商平台将上线，构建线上线下融合的销售平台。2014 年 1 月，永辉推出微店 APP，布局移动终端，2014 年 10 月上线永辉微店同城配送服务，有效提升了用户数和销售额。2015 年公司将加大线上业务的发展，推出电子商务大平台，实现线上线下结合，突破地域、时间的限制；同时通过优化电商物流配送服务能力，进一步提升服务水平。

### 3. 供应链建设

永辉超市在建设垂直供应链的基础上，加强与中百集团、贵州茅台、朗源股份等企业的合作，进一步优化采购、物流、管理体系。

### 4. 行业内整合资源

公司通过并购的方式正在加速扩张，永辉公司目前已经持有中百集团 20% 的股权，联华超市 21.17% 的股份。

永辉超市计划在 2014—2016 年，公司营业收入和净利润同步实现年复合增长 20% 以上；门店拓展到 450 ~ 500 家左右，年均开店 60 家左右。从 2014 年的业绩来看，永辉超市胜利完成了预期目标。永辉超市正在沿着自己的扩张之路大步迈进着。

2015 年一季度，永辉公司已经完成非公开增发，公司货币资金额达 80 亿元人民币，现金流十分充沛。充裕的现金流可以为公司的扩张政策提供足够的支持，在增设门店、物流配送中心建设、电商开发升级、行业内兼并收购等方面起到积极的作用。

零售公开课

差异化经营战略是一条出奇制胜之道。

如何进行差异化经营？就要选准切入点，并且做好，做深入。

## 海澜之家：信息化支撑品牌快速扩张

海澜之家是海澜之家股份有限公司旗下的男装品牌。“海澜之家，男人的衣柜”，在全世界服装商都把目光瞄准女人、做女人的生意的情况下，海澜公司却以经营男装打出了一片新天地。海澜之家男装品牌自2002年推出以来，以全国连锁、超大规模、男装自选的全新经营模式引发了中国服装市场的新一轮革命，“海澜之家——男人的衣柜”这一鲜明的品牌形象也深入人心。海澜之家的壮大得益于其快速的规模扩张策略，那么海澜之家为什么要快速扩张呢？又是什么因素帮助它可以实现快速扩张呢？现在，我们就来探寻一下其中的奥秘。

### 快速扩张的国民男装品牌

2014年4月11日，海澜之家上市，成为A股最大的服装企业。2014年度海澜之家公司实现营业收入123.38亿元，比上年同期增长72.56%。2014年全年新增门店461家，公司门店总数达到3348家，比2013年增长15.97%，覆盖了全国80%以上的县、市。公司计划在2015年继续扩大规模，实现营收增长20%～30%；新增门店400家。

在电商方面，海澜之家电商起步于2011年，不但建立了海澜之家官方商城，其旗舰店也覆盖了国内主要电商平台。海澜之家采取线上线下同款同时同价方式销售，2014年电商销售收入达4亿元；2015年公司计划通过加大用户维护，打通线上线下的CRM（用户关系管理）系统，来实现销售增长翻番。

国民男装品牌——海澜之家成立十余年来，不但让自己的品牌形象在消费者心目中根深蒂固，而且以势如破竹之势红遍全国，其扩张步伐日渐加紧。海澜之家为什么要进行快速规模扩张呢？

因为海澜之家的模式属于服装业“轻资产”经营模式。所谓“轻资产”就是公司的经营重点在品牌运营、产品设计和供应链管理环节，而其上游的生产加工以包工包料方式外包给生产商，下游销售则通过加盟店、直营店、商场等渠道进行销售。这种“轻资产”的方式便于公司的统一管理：将复杂的生产环节外包，省心省力省成本，公司可以专心于品牌推广和产品设计，有利于更快地树立品牌形象，打开销路。加盟店的销售方式也可以让更多的社会人参与进来，实现规模的快速增长。

“轻资产”的方式为很多服装企业所采用。中国著名时尚产业经济研究专家李凯洛先生说，轻资产运营模式刚刚在国内出现的时候，受到了行业内外的普遍质疑，但是七匹狼、报喜鸟、美邦服饰、搜于特等企业的成功证明了该模式的可行性和优越性。他指出：“这一波品牌服饰公司大规模上市表明轻资产运营模式开始获得更广泛的认可，尤其是获得了资本市场的认可。”

“轻资产”经营方式之下，急速扩张才是企业业绩发展的保证，“轻资产”的模式也有利于企业的规模扩张。品牌管理、产品企划、供应链环节是利润产生的主要来源。海澜之家集中精力抓住主要环节。海澜之家自有200人的设计团队进行关键的产品设计，而将非核心的打样等工作外包给供应商的设计团队。

2009年初，海澜之家门店还只有655家；到2011年底，发展到1919家，而到了2013年底则达到了2887家。海澜之家有专门的渠道拓展员，主攻二三线城市的核心商圈。海澜之家的开店数几乎是成倍地增长，这样快速的发展，其核心竞争力正在于海澜之家的“轻资产”模式。

海澜之家通过独特的加盟模式实现对下游的控制，是其实现增长的关键。传统服装企业普遍采用多级渠道销售模式，海澜之家采用的是类直营的加盟模式。即加盟者提供资金以及部分店铺，但没有经营权，由公司统一管理，这样“千店一面”，形成统一管理的高品质营销网络。这样的加盟模式因为降低了加盟商的从业要求，而迅速扩大经营；缩短了加盟模式的分利环节，从而降低了成本；因与加盟商的利益一致促进了销售增长。

海澜之家通过互利双赢加固了与上游供应商的合作。海澜之家在采购环节采取赊购、联合开发、滞销商品退货、二次采购等模式，与供应商结为利益共同体。产品规模量越大，与生产商、原料供应商的关系就越紧密。海澜之家这种方式强化了对整个供应链的管理，降低了成本。

海澜之家的平价销售策略顺应行业趋势，是获得用户支持的基础。海澜之家门店产品齐全，无论是正装、休闲装等服装，还是丝巾、领带、皮带等配件、配饰，几乎涵盖了所有男性消费者的需求，其产品售价只相当于传统男装品牌的1/3。实惠的价格，品质的保证使海澜之家赢得了消费者的信赖。海澜之家的平价品牌发展战略顺应了产业发展机遇，通过产品的高性价比与电商销售形成差异化，在竞争相对激烈的男装市场中独树一帜，有助于扩大市场份额，满足不同细分群体的消费需求。

在这些因素的综合作用之下，海澜之家才形成了快速增长的趋势，形成了规模效应，而随着海澜之家的持续扩张，其规模优势将得到持续体现。

## 信息化支撑品牌快速扩张

海澜之家具备了快速的渠道扩张能力、强大的终端控制能力、与供应商的合作能力，这些保障了海澜之家模式的健康持续发展。而具备这些能力，则得益于其信息化管理技术和水平，是海澜之家的信息化管理（见图4-3）支撑着海澜之家品牌的快速扩张。

### 1. 固化标准

海澜之家设立信息系统固化标准，实现可复制的扩张模式。海澜之家的全业务流程都进行了标准化，包括从市场信息、门店管理、物流仓储、产品设计、成品生产到品牌运作的所有环节。业务系统随着门店走，门店扩张到哪里，业务系统就部署到哪里，保证了海澜之家的任何一家销售门店都能以相同的规范运作，实现标准化、统一化管理。

2. 锁住终端

实现连锁化运营就要通过信息系统控制住终端，海澜之家在这方面就做得比较完美，他们将品牌专卖店与总部通过分销系统联系在一起，完美利用互联网，在品牌销售的全过程不再因为把握不准时间、调动人员不便等不良因素而影响到销售量，每一个专卖店的库存状态、销售量及销售额等数据信息都实时与总部保持同步，这样品牌运作全流程都能够尽在掌握之中，大大提高了效率。

3. 助力品牌

信息化平台的固化，使海澜之家的卖场管理和分销系统具有高度的通用性。这样对于其他品牌的管理也可以轻松实现：只需针对各品牌的市场定位和分销特点进行个性化定制，就能应用于任何其他品牌的管理。海澜之家品牌经营过程中形成的通用标准和宝贵经验可以迅速分享到其他领域和品牌管理。

图4-3 海澜之家的信息化管理

海澜之家通过强大的信息平台，充分发挥了其桥梁和纽带的作用：在财务管理方面，把财务核算、财务结算、供应商与客户管理结合在一起。特别是与供应商和加盟商的结算达到了准确高效，海澜之家在全国的3000多家加盟店每天都要进行资金结算，每个供货商只要达到结算额度就能立刻进行结算，保证了供货商和加盟店的利益。在供应链环节方面，将原料采购、服饰生产加工、物流配送、仓储管理、门店销售等各个分散的业务有机地整合起来，形成一套紧密联系的体系。总之，信息化提高了海澜之家公司的管理水平，保证了海澜之家对整个产业链的绝对控制权。

### 零售公开课

现代化的信息技术为企业管理提供了保障，为企业提供了充足的信息、准确的经营数据，促使企业提升工作效率，升级效能。作为现代化的企业要随时汲取先进的管理理念，学习先进的管理技术，为效益增长服务。

# 第5章

# 特色模式：
# 新常态下，零售企业拿什么吸引眼球

一直以来，国内零售业同质化严重，特别是线下，缺乏经营特色，已经不能满足消费者越来越个性化的消费需求。在“互联网 +”大背景下，零售业正在重新构筑新的商业形态，如何打造差异化的特色模式，吸引消费者的眼球，是零售企业面临的新挑战。

## 多利农庄：贵得其所，做有钱人的生意

多利农庄于2005年成立于上海，是中国最大的专业从事有机蔬菜种植和销售的企业之一，如今在上海和北京两个城市销售有机蔬菜。2010年上海世博会期间，多利农庄作为唯一的有机农业参展商，在城市未来馆展现上海都市新农业的风貌。同时，多利农庄也被选为多家世博会国家馆餐厅的蔬菜供应商。经过10年的发展，多利农庄已经成了中国有机农业的知名品牌。

### 三个门外汉的农业经

“每当我看到一些农民在土地上滥用农药喷洒在果蔬上，我就深感痛心。我想，一份成功的事业，绝不仅仅是经济利益上的回报，而更多的应该是一种社会责任和义务。”多利农庄的创始人张同贵之所以会放弃几十年所从事的高回报产业，义无反顾地经营农庄，从一开始就不仅是为了盈利，而是致力于打造向消费者提供最安全、天然、健康的有机蔬菜。当然，面对层出不穷的食品安全问题，张同贵也敏锐地感觉到有机农业的巨大发展潜力。经过10年的苦心经营，多利农庄的蔬菜实现了“卖不掉”到“不够卖”的华丽转身，成了中国都市有机农业的领导品牌。

在10年前，“有机农业”的概念还不像今天这么深入人心，国人买蔬菜更看重价格，至于是不是有机的，并不是十分关心。根据IFOAM（国际有机农业运动联盟）的统计，全球有机食品市场近10年来一直保持年20%～30%的增速。尤其在美国和日本，有机蔬菜的消费已经超过了蔬菜总量的15%，而在中国却还不到1%。

在多利农庄成立后的前3年，坐落在上海市近郊南汇区的农庄作为有机农业转换期基地收入为零。在第4年，多利农庄的第一批有机蔬菜终于

有了收获，但是菜贩给出的价格仅仅是几毛钱一斤。张同贵一气之下把这些农产品全部打烂做成了绿肥。

尽管多利农庄的发展一直不顺利，但张同贵还是和一起创业的两个同学坚持了下来，虽然这两个同学对农业经营没什么经验，但张同贵凭借他的直觉认为找两个农业的门外汉来创业是正确的，他认为，做好农业不是农民的任务，得靠企业家，还得是资本家。

外行有外行的好处，虽然三人创业小组中，只有张同贵四川农业大学种植专业毕业与农业沾边，剩下的郭海和茅亮都不是业内人士，但正是这样，他们的创业思维才不会被束缚，反而创造性地使出了不少与农业似乎关联不大的招数。有机农业走低端路线肯定是行不通的，在设立好高端定位之后，善于公关营销的茅亮开始把多利农庄的有机菜和其他类型的奢侈品联合起来做活动，茅亮开玩笑地说："看张总换什么车，就考虑和谁合作。"多利农庄曾经和法拉利、奔驰等名牌汽车都有过合作。与其他奢侈品联合开展活动的好处就是，多利农庄找到了能够买得起有机农产品的消费人群，这一点对多利农庄的发展至关重要。此外，多利农庄采用先进的"从田间到餐桌"直供会员的服务模式，所以三人创业小组创造性地将礼品营销的模式移植了进来，利用B2B与B2C销售联动起来，迅速扩大了销售额。

10年来，虽然经历了不少挫折，但多利农庄的发展规模却越来越大。如今，多利农庄在全国有九大农业基地，有机种植面积达到了30000亩，产品品类涵盖了蔬菜瓜果、肉禽蛋奶、米面粮油、水产海鲜，等等。

在有机农业的概念还并不像今天这么火爆的时候，张同贵和其合伙人抓住了时机，开创了农业特色模式，虽然历经艰辛，但最终他们凭借着一腔热血把多利农庄打造成了中国有机农业第一品牌，他们用事实证明，做好农业不仅是农民的责任，门外汉一样可以开创农业特色模式。

### 把产品卖给最懂得欣赏它的人

如果一个企业的产品因为"贵"卖不出去，那只能说明两点：其一，产品根本就不值这个价；其二，没有找到与产品匹配的消费人群。就好比你把劳斯莱斯卖给工薪阶层，消费者能不觉得贵吗？所以，做好产品的同时，找到匹配的消费人群很重要。多利农庄正是紧紧抓住了这一点，才能把生意做得蒸蒸日上。

虽然现在人们对有机农业的接受度远远要高于10年前，但是有机农业高投入导致的超高价格并不是一般老百姓可以承受得起的。所以，多利农庄做的就是有钱人的生意。

产品贵不要紧，关键是要贵得其所。为了生产出最好的有机农产品，多利农庄对土壤和水质都进行了改良。为了形成独立的灌溉系统，经营者挖出了近20米宽的河道将多利农庄与周遭土地隔开，形成独立水系，利用水泵作为灌溉用水。经过经营者一段时间的努力，多利农庄变成了一个小的生态群，土壤中有机质可以在一定程度上抑制微生物，土壤中虫卵也比较少。多利农庄的有机肥也大有讲究，由于市场上售卖的有机肥肥效较低，并且重金属含量多，多利农庄就自己调配出了一种由豆渣、散养鸡粪和蘑菇种植下脚料为主要原料，配以十几种不同品种的发酵菌，在高温作用下形成的有机肥。

单是农作物生长的环境就让经营者如此煞费苦心，可想而知多利农庄的有机蔬菜成本投入有多大。有机农业之所以不好做，原因就在于早期的资金投入大，时间成本大，还不易形成规模。前前后后投入两亿多元，收入几乎是零的局面不是一般创业者能够承受的。

产品品质得到了保证，下一步要做的就是找到市场。多利农庄的定位是都市农业，以城市里的中高端人群作为目标客户。

在刚开始的时候，面对一茬又一茬的有机蔬菜，张同贵很迷茫，不知道它们该被运往何方。多利农庄的目标人群是每年在蔬菜购买上花费10000元左右的家庭，4000多元的会员卡是一周配送蔬菜一次，如此昂贵的蔬菜价格，让很多人望而却步。这个时候，“门外汉”的身份反而帮了他们。创业小组的3个人都是从中欧工商学院毕业的，他们本身就掌握了足够的高端资源。他们先从礼品团购开始做起，继而推出会员卡，逐步使多利农庄的销售进入了B2B与B2C相互转化的阶段。经过一段时间的实践，创始人之一的郭海总结出了其中的门道：B2B 要有效，能够传递出去，同时 B2C 要一块综合推广。想要成功实现这一目标，需要营销活动的支持。为此，茅亮还特意组建了“营养师”队伍，以多利农庄的身份参加一些营养培训，通过各种活动宣传有机食品。经过半年多的尝试，多利农庄总结出了“上半年卖券，下半年卖卡”的营销模式，产品销路也逐步地打开了。

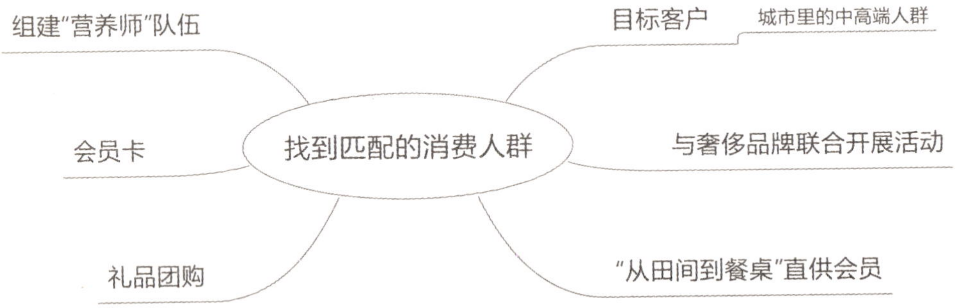


**图 5-1　多利的一些营销手段**

基地难找、产能甚微、销路狭窄……有机农业不是随随便便就能玩得转的行业，多利农庄之所以能成为有机农业领域的神话，一方面源于张同贵等人的坚持，另一方面则是因为他们把农业特色模式做到了极致。从表面看，多利农庄有点像“农家乐”，但二者有着根本的不同，农家乐偏重于“乐”，而多利农庄则偏重于“农”，向消费者提供最安全、天然、健康的有机蔬菜才是多利农庄最终的目的。把握好这一方向之后，多利农庄把最好的农产品卖给了最懂得欣赏的人，如此走心的经营模式，想不火都难。

## 零售公开课

特色模式就必须真正做出特色，多利农庄就是凭借其“有机农业”的特色成功赢得了市场，走特色模式还必须付出比常人更多的努力，才能开辟出企业的蓝海市场。

# 歌莉娅：用旅行文化引领时尚生活

歌莉娅是中国首个将环球旅行与时尚相结合的女性服饰品牌，创立于 1995 年。在女性服装领域深耕细作了 20 年之后，歌莉娅已在全国数百个重点城市拥有超过 500 家服装店铺，并与淘宝、京东等电商平台携手合作，打造线上线下双渠道的经营模式，成为国内女性服装品牌的佼佼者。在激烈的市场竞争中，歌莉娅没有选择闭门造车，而是以旅行的独特方式发现世界之美，通过分享，与消费者共同感悟生活。如今，用旅行文化引领时尚生活已经成了歌莉娅重要的标识。

## 创建一个品牌，耕耘一种文化

作为国内首个将环球旅行与时尚相结合的女性服饰品牌，歌莉娅是女性服装品牌中的“异类”。在 2001 年之前，歌莉娅只是一家服装批发商，品牌意识很淡薄，一样是靠出货量取胜。但从 2001 年下半年开始，歌莉娅的管理层意识到品牌价值对于企业竞争力的重要作用，便将重心开始从产品生产向品牌塑造转移，并用了两年左右的时间把批发业务向零售业务转移。

在公司刚刚成立之初，歌莉娅的目标消费群体是 20 岁左右的学生群体，但随着公司经营理念以及业务范围的转变，公司将 25 ~ 31 岁的女性作为关键客户群，因为这一群体更认同歌莉娅提倡的生活理念。

品牌建设是歌莉娅转型后最核心的工作，在歌莉娅的理念中，品牌认知度和美誉度提升了，销量自然就会上去。和其他服装企业重金砸广告塑造品牌的策略不同，歌莉娅选择在内容方面整体建设，而不是单纯地投放广告。歌莉娅最为人津津乐道的品牌建设案例非“环球发现”品牌文化莫属，在行走中发现世界之美，以旅游传达品牌文化成了歌莉娅最独特的标签。正是如此特立独行的发展之路让歌莉娅在20年中积累了厚重的品牌文化，形成了难以模仿的发展之路。

电商来袭让歌莉娅又一次看到了商机。早在2008年的时候歌莉娅就开始试水电商，将“精致美学”理念推广至线上，开设了官方网店，并在天猫、京东商城等开设了品牌旗舰店。

歌莉娅旗下拥有两个品牌，GOELIA与goelia。GOELIA以28岁女性为核心客户；goelia基于电商平台，定位更为年轻的品牌，以25岁女性为核心客户。双品牌的经营策略正是为了电商而诞生的。在没有做电商之前，歌莉娅的品牌只有一个——GOELIA，该品牌拥有较为稳定的客户群体和价格体系，如果做电商势必会对线下价格体系造成一定的干扰。此外，GOELIA在线下的定位为28岁的女性，而线上的消费群体显然更为年轻。在此背景下，歌莉娅又开创了线上品牌goelia，为年轻有活力的女性提供柔美精致的服饰，目的是为了和线下GOELIA相互区别。线上线下双渠道的经营模式为歌莉娅开拓了更为广阔的市场。

从2011年开始，歌莉娅的网络销售额从7000万元飞跃至2013年的接近3亿元；同时2012和2013年的“双11”，歌莉娅在淘宝系平台皆排在女装品牌销售第7名。2014年“双11”，歌莉娅以6314万元居淘宝女装类第八。

女性服装品牌行业一向竞争激烈，很多本土品牌都面临着国外企业的强势竞争，比如Zara、H&M、C&A等国际时尚品牌的进入给了本土企业很大的冲击，但歌莉娅却很有信心。虽然歌莉娅还不能像一些国际品牌那样整合全球资源，实现全球采购，但它却在不断的探索中更好地把握住了中国消费者的需求，并坚持用旅行文化引领时尚生活的理念，这对歌莉娅来说非常重要。

目前，歌莉娅在全国各大中城市已开设了超过600家专卖店，但这仅仅只是一个开始，歌莉娅还将在品牌建设的道路上走得更远，其全球化的脚步正在不断加速，目的就是为了让更多的女性消费者在服饰中感受最时尚的生活态度。

## 在行走中寻找时尚灵感

2015年4月21日，在广州南站出发大厅的淘宝会员贵宾体验厅出现了7位美丽的“旅神”，她们向现场媒体、时尚达人以及淘宝会员们展示在旅途中发现和分享美好的时尚生活方式。不明就里的人们可能会以为这是淘宝和哪家旅行社一起做活动，其实，这是女性服装品牌歌莉娅与阿里旅行联手举办的媒体体验活动，创造性地把旅行文化、跨界时尚、O2O购物三体合一，为消费者呈献最新潮最时尚的旅行购物方式。

对歌莉娅的文化理念不太了解的人可能会有疑惑：一个主打女性服饰的品牌怎么会和旅行搭上边？其实，自1995年开始，歌莉娅就坚持一个信念：旅行就是生活。歌莉娅诠释的“旅行”并不一定是真正的旅游，而是代表着一种积极、正面、乐于接受新事物、渴求新体验的生活态度。歌莉娅希望能和消费者一起探索生活中的美好，把对时尚生活的灵感融入服装的设计中，通过分享与感悟，让人们活得更加美丽、时尚。“我们致力于成为美好生活的引领者和传播者。”歌莉娅副总裁林淑玲这样描述企业愿景。自2002年起，歌莉娅带着分享的精神开始了环球之旅，将时尚潮流与各地文化融合，创作出了别具一格的女性服饰，受到了消费者的热烈欢迎。

歌莉娅自1995年诞生以来，独家首创以世界旅游文化诠释品牌内涵，环球之旅的足迹从未间断，其足迹遍及：泰国、澳洲、南非、法国、雅典、瑞士、英国、西班牙、意大利、新加坡、巴厘岛等地。“环球发现之旅”的足迹已遍布全球24个时尚名城，每到一个城市都能给设计师带来无限的灵感。2014年歌莉娅环球发现之旅的第31站来到了澳大利亚的袋鼠岛，其纯粹自然的环境为设计师带来了灵感；2015年，歌莉娅环球发现第32站，来到了被誉为“世界上最幸福的国家”——不丹，在自然山色与灯光相辉映的美景中带领嘉宾感受不丹的纯美之境。每一次旅程，歌莉娅都会把当地的风景、人文、生活气息带回来，通过当季的时装杂志、影片、专卖店内的陈列和网站展示出来。

经过了超过10年的环球旅行，歌莉娅拥有属于自己品牌的独有标识：

在行走中发现世界之美，以旅游传达品牌文化。“旅行”已经成了歌莉娅品牌独有的标识。作为一个女性服装品牌，歌莉娅将环球旅行中发现的时尚生活灵感升华成了“精致美学”，歌莉娅对时尚流行独特的演绎方法让它成了服装界最具特色的品牌之一。“在生活中发现和分享美好，享受自然的礼遇”的时尚主张，引起了广大女性消费者的共鸣。作为精致美好生活引领者的定位与坚持，今天的歌莉娅依然在用旅行文化引领时尚生活，为女性消费者提供精致的时尚着装。

零售公开课

这是一个注意力稀缺的年代，所以零售企业最重要的就是突出自己的特色，如果你的产品或者理念毫无特色，会淹没在竞品之中，无法吸引消费者的注意，就谈不上购买了。歌莉娅把旅行融入品牌文化建设中，就是成功打造特色品牌文化的典型代表。

## 阿芙精油：开创精油新品类

阿芙是一家以精油为核心的护肤品牌，“时尚、小资、女性”是其几个比较关键的定位词。仅仅用了3年左右的时间，阿芙精油便从线下走上了线上，并创下了淘宝全网精油销量第一的佳绩，成为淘宝的经典案例。到目前，阿芙精油已覆盖20余个城市的300多家高档商场，其独特的品牌营销模式成了最为人津津乐道的话题。

### 互联网思维的精油神话

提到雕爷孟醒，人们最先想到的可能是雕爷牛腩，其实，早在雕爷牛腩之前，雕爷就已经运用互联网的思维成功运营了一个精油类产品——阿芙精油。做中国精油及精油护肤品市场的启蒙者和开创者，是阿芙的终极目标，也是至高荣耀。

很多人都认为阿芙是互联网品牌，其实阿芙成立于2006年，刚开始的时候只做线下，是一家具有传统身份的线下品牌，只不过其销量平平，名气也不是很大。直到2009年，阿芙正式从线下走到了线上，开设了淘宝店。仅仅用了两年的时间，阿芙就在淘宝网做到了精油品类第一的好成绩。2013年"双11"期间，阿芙精油成为淘宝最火的美妆品牌，阿芙成了很多中国消费者使用的第一瓶精油，淘宝每卖出3瓶精油，有2瓶就是阿芙。

阿芙精油的成功离不开其创始人雕爷的互联网思维，运用互联网思维，阿芙成功成为中国精油及精油护肤品市场的启蒙者和开创者。谈到阿芙的营销模式，雕爷曾经这样说道："3年来，我的营销思想没变过，'全网营销，淘宝成交，独网试错'。对于渠道商而言，他们最关注的就是ROI（投资回报率），而品牌商恰恰要忽略短期内的效益，品牌拼的是试错。品牌不能把秒杀和打折挂在嘴边，否则不会得到良好的品牌溢价。做品牌商要看长期的目标，种品牌就像种庄稼一样。我从来不在乎淘宝ROI是几块钱买几个关键字，营销是品牌商不断试错的结果。"

化妆品在电商渠道销售有一个劣势：缺乏用户体验的情景。人们在专卖店购买化妆品时，销售员一般都会提供一些小样供消费者试用，还会根据消费者的皮肤给出建议，但电商做不到这一点。为了解决这一问题，阿芙想了很多小妙招，比如大量送小样。雕爷深谙女人内心都渴望惊喜的小心思，所以阿芙的所有包裹里都必放小样，大丝瓜手套、瘦脸用的小按摩锤，这些小赠品成了阿芙间接营销的工具。试想一下，当你打开阿芙的包裹，一大堆样品出现在眼前的时候，心情是不是变得很好？阿芙的快递员在送货时还会拿着扑克牌让消费者现场抽奖，大王免费、小王五折，如果仔细算算抽中的概率并不高，但这种方式却让客户觉得很好玩。

经过多年的发展，阿芙精油迅速覆盖到全国一二线城市的顶级商场，并设有上百家形象专柜，形成了一套独有的线下成立、线上扩张、全网营销的发展模式，并创下了连续 4 年全网销售第一的精油神话。

不管是做精油还是做餐馆，雕爷的制胜法宝就是互联网思维。在阿芙精油上线的前期，阿芙并没有砸重金做广告，而是凭借互联网博主的产品介绍形成了良好的网络口碑宣传并转化为高质量粉丝，粉丝经济帮助阿芙创出了惊人的业绩。

雕爷把互联网思维淋漓尽致地运用到了阿芙的经营中，充分体现了互联网思维的奇思妙想。凭借着独特的经营模式，雕爷创造了互联网思维的精油神话，使阿芙成为最让人津津乐道的互联网营销案例之一。

## 阿芙卖的不单是精油，还有快乐

阿芙品牌创始人雕爷曾经这样说过："为什么女人要用化妆品呢？比如男人喜欢玩电脑，换电脑，换手机，他是娱乐，好玩，新鲜感。你为什么要买汽车？北京交通这样，为什么要买好车？不是因为那辆车有个便利性，它有大量外在的东西。我理解的化妆品行业其中一个本质是娱乐，是快乐。女人看着鱼尾纹心都碎了，抹着化妆品笑了。我们这样理解，所以我们这样做。"雕爷想要做的就是努力挖掘客户需求，让消费者喜欢上阿芙的产品和服务，从而让消费者通过化妆品感受到阿芙传递的快乐。在雕爷看来，行业本质是娱乐化，你的公司充满娱乐就好了。

阿芙不但致力于给消费者带来快乐，还致力于给员工带来快乐，因为当员工开心时，才能把正能量传递给客户，所以雕爷一直都想把办公室环境尽量做到最好。阿芙有个惯例，每天 14 点，一个叫"惊喜团队"的组织会准时为员工送上惊喜节目，时不时的小惊喜让办公室充满快乐。

能做到淘宝第一，阿芙精油靠的不仅仅是产品，其特色化的服务也是阿芙能够成功的关键所在。阿芙客服提供 24 小时在线咨询，和淘宝上客服单纯以销售为目的的聊天方式不同，阿芙的客服会通过聊天了解客户的需求，以很轻松的方式让消费者放下戒备，感受舒心与快乐，这种没有距离感的聊天瞬间拉近了消费者与阿芙的距离。阿芙的客服甚至会通过视频看用户的皮肤状态，然后给出消费建议。从某种程度上来说，阿芙卖的不是精油，而是服务，让消费者享受到最愉快的购物体验是阿芙的重要目标，也正是这种别具一格的服务模式让阿芙成了全淘宝最传奇的客服。阿芙的客服有小清新、淑女，也有重口味、疯癫，各种类型任你挑选。和其他品牌不一样的是，阿芙的所有员工都要轮流当客服，因为只有与客户亲密接触了，才能更了解客户的需求，更有发言权。

想要让企业变得好玩，自然离不开创新，阿芙就是一路伴着创新成长起来的。2012 年，阿芙与几米大师联合推出限量版精油护肤品，展现了阿芙极简而本真的艺术追求；2013 年，阿芙与光影艺术家陈漫共同推出阿芙 × 陈漫限定版“漫香纯草”系列产品，牢牢抓住了高端客户；2014 年，阿芙与哆啦 A 梦合作推出了 8 款神秘产品和 4 款趣味赠品，成了最暖心的精油产品……阿芙通过与各领域的佼佼者合作，开创出了精油新品类。

成长于淘宝，发迹于天猫，阿芙不仅把精油产品打造成为知名品牌，还把快乐传递给了消费者。凭借颠覆式的产品设计和营销思维，阿芙成了中国精油领域的佼佼者。不一样的精油来自不一样的阿芙，因为阿芙卖的不仅仅是产品，还有快乐。

## 零售公开课

观念比能力重要，策划比实施重要，行动比承诺重要，选择比努力重要，感知比告知重要，创造比证明重要。

互联网时代下的商品交易，已经不仅仅是产品交易那么简单，赋予产品与服务更多的内涵，将有助于拉近零售企业与消费者之间的关系，增强消费者的黏性。

# 裂帛：世界时装之巅的他山滚石

裂帛创立于2006年，是中国最具规模的独立设计品牌服装集团之一。所谓“裂帛”，即撕裂丝帛，单从它的名字就可以判断出，这是一个个性化十足的服装品牌。如今，裂帛旗下的女装品牌有：裂帛、所在、莲灿、ANGELCITIZ、LADY ANGEL；男装品牌有：非池中，以及裂帛童装及鞋品。正如裂帛的创始人汤大风所言，未来的服装品牌将是一片山峰构成的高原，而不是独自的顶峰，而裂帛正在成为翻腾在世界时装之巅的他山滚石，完成了一个品牌自我实现的蜕变。

## 做中国的ZARA

淘宝网的诞生改变了零售业的格局和消费者的购物方式，同时也造就了一大批成功的淘宝商户，裂帛服饰就是其中的一家。作为最成功的淘品牌之一，几乎很少有同行能望其项背。裂帛创始人汤大风曾经预言，从淘宝起家的裂帛有朝一日也许会成为中国的ZARA。而如今，这个极具风格特色的中国品牌，正在以其独特的发展方式向着心中的目标迈进，成为中国服装品牌的一个神话。

裂帛诞生于2006年，成立9年来，已经完成了一万多张设计稿，制作成衣503万件。裂帛每年销售额增长达到200%，2014年的销售额已经超过了10亿元。如今，裂帛已经发展成了一个集团，旗下包含了7个子品牌，员工达到了800人。自公司成立以来，在2015年天猫“6·25”年中促销中，裂帛服饰天猫旗舰店当天单品销售额1740多万元，前8小时稳居女装品类第一，当天总成绩品类第二。裂帛已经成为迅速崛起的国内本土服饰品牌。

在世界时装界的潮流之中，最不能缺少的就是风格。裂帛从成立至今，坚持走民族风的路线，通过服装营造画面感，从根本上触及文化之源，满足女性消费者对生活、对人生的幻想。关于裂帛的品牌，创始人汤大风这样解读："裂帛对咱们来讲是一种精力，咱们巴望的自在。裂帛即是可以来一场说走就有的游览。品牌最主要的是你要传达的是啥，有啥意义。"

坦白说，无论是从规模、发展速度上，还是从产品的周期上来看，如今的裂帛都还不能与ZARA同日而语。毕竟，裂帛"民族风"的标签更为小众化，但裂帛的巨大潜力还是让它成了中国服装品牌的一匹黑马。谙熟电商之道的裂帛，正在以迅雷不及掩耳之势攻城略地，开疆扩土。

2015年上半年，裂帛密集展开了大幅度的营销动作，赞助《爱上超模》，与电影《横冲直撞好莱坞》发行期合作，利用新媒体在节前推出《大小风世界游》系列文章……一系列的营销动作保证了裂帛与受众的持续沟通。

一直以来，裂帛坚持多品牌的发展战略，并计划继续扩充子品牌，以覆盖更多的服装风格及消费者。以淘品牌起家的裂帛，在经过了多年的发展之后，已经拥有了成熟的供应链系统、运营系统、优秀的产品品质及设计水平、日渐成熟的品牌经营理念，但是如果想要和国际品牌ZARA相媲美，裂帛还需要更多的努力，比如不断提高市场的应变能力、提高质量的同时降低成本、追踪时尚风潮等。

## 品牌，是一种态度

10年的时间，说长不长，说短不短，但却足以让服装市场发生天翻地覆的变化。10年来，裂帛坚持多元化的品牌发展战略，让裂帛的子品牌在服装领域遍地开花。10年的时间，裂帛拥有了裂帛、所在、莲灿、ANGELCITIZ、LADY ANGEL等女装品牌，还拥有了男装和儿童品牌。裂帛的多元化品牌战略取得了令人瞩目的成就。

裂帛走的是"最炫民族风"的路线，裂帛的设计一向都非常张扬，但随着时间的流逝，裂帛发现，迎合消费者的需求和坚持自己的路线一样重要。在谈到裂帛子品牌莲灿诞生之路的时候，裂帛创始人汤大风曾经很兴奋地说道："我从 2006 年开始做裂帛，到现在也有 8 年时间了，当时的一批消费者跟我一起慢慢长大，可能体型会发生改变，需要遮掩手臂和肚子上的赘肉。同时，她们的心态和支付能力也发生了改变，她们需要更精致、更特别、更少量的东西，这是我和她们共同的需求，于是就有了莲灿。"虽然莲灿因为"成本高、毛利低、每个款的量又非常少"而没有让裂帛获得多少利润，但是，裂帛打造子品牌集群的做法却不失为一种很好的营销策略，即迎合早期用户的需求，然后不断开发新品来满足用户需求。

裂帛不仅仅是一个服装品牌，还是一种生活态度。一直以来，裂帛被誉为离客户心灵最近的品牌，这是因为裂帛的品牌文化里包含了多元化的文化价值与美好的体验。裂帛每年从利润中取出一定百分比的资金建设裂帛文化基金与裂帛公益基金，用来关注公益事业，关爱弱势群体。传递爱、分享爱成为裂帛品牌文化的重要组成部分，也赋予裂帛品牌更多的内涵。其实，裂帛的品牌建设之路从未停止过，让裂帛的品牌文化更丰富、更有内涵，是其一直都在努力的方向。

裂帛的品牌文化十分丰富，甚至涉及电影、出版以及音乐等多个领域。裂帛出品的《电影作者》杂志已被哈佛大学及国内外多个机构收藏；裂帛的海报设计作品被收入《亚太设计年鉴》；裂帛的《四相》《发光曲线》《大地迷藏》等多个音乐唱片制作，成为国内独立音乐里程碑式的作品；2015 年，裂帛独立电影制作项目也已被选送多个国际电影节……丰富的品牌文化展现出了裂帛的生活态度，正如其创始人的自述：我们要和你们在一起，生活得更美好，无论是琐碎的生活，还是经常迷路的灵魂。

民族范，时尚范，文艺范，裂帛多元化的品牌文化让人欲罢不能，也使得裂帛成为时装品牌中最特立独行的存在。其实对裂帛来说，能不能成为 ZARA 并不重要，重要的是要坚持做自己，因为裂帛有着这个世界上最独一无二的品牌文化，可以为世界潮流和国际时装界输出来自东方的多元文化价值与美好体验。

## 零售公开课

创建品牌是每一个零售企业都应该追求的目标。

品牌文化有着无形的价值，创建品牌文化，形成品牌信仰，提升企业无形资产，最终才能形成强烈的品牌忠诚。提高品牌忠诚度可以造就强势品牌，使企业享有利润空间。并且，在市场竞争中，当消费者形成鲜明的品牌概念后，价格差异就显得次要了。

第6章

# 社群模式：
# 产品是入口，社群才是商业模式

互联网时代的到来缩短了商家与消费者之间的关系，让每个品牌都能迅速找到与消费者连接的路径。但在互联网时代，酒香也怕巷子深，如果单有好的产品而不能建立专属自己的社群，再好的品牌也会被湮没。在社群模式下，产品是入口，社群才是商业模式，没有忠实粉丝的品牌就没有未来。

## 三夫户外：从社群扩张，成为户外零售老大

三夫户外创立于1997年，是中国户外零售的驰名品牌，通过独创的“会员俱乐部＋线上电子商务＋线下专业零售店”这种“三位一体”的经营模式，这家户外零售连锁店在北京、上海、深圳等十多个核心城市拥有35家门店，年收入达几亿元。从一个只有20多平方米的小店发展成为户外零售老大，三夫户外通过社群逆势扩张，将公司打造成了户外行业的“国美”。面对互联网带来的冲击，三夫户外牢牢把握住发展节奏，有条不紊地在户外领域深耕细作，仍专注于脚踏实地地发展线下门店，通过打造专业性来塑造竞争力。

### 社群营销，三夫户外的逆袭之路

摆地摊、搞展销，一个人当老板、伙计、装修工、搬运工……这些听起来略显凄惨的创业经历让人无法把它与三夫创始人张恒联系在一起，但事实上，这都是他的亲身经历。从一个负债累累的创业失败者，到中国户外零售驰名品牌的领军者，张恒用十几年的时间华丽转身，同时也带领着他的三夫户外踏上了逆袭之路。

1996年，三夫创始人张恒和同学一起创业，成立了一家计算机公司，只做了一年就倒闭了。背着20万元的债务，他踏上了旅途，并在这次旅途中受到了启发，找到了他一生想要为之奋斗的事业——户外用品。

那个时候户外市场在发达国家已经十分成熟，有很多很大的户外用品店，但在中国，这个市场还处在空白状态，张恒认为这是个机会。1997年，雄心勃勃的张恒借了3万元，在北京大学小东门开了家小店，面积也就20多平方米。理想和现实往往都是有差距的，由于店面地理位置偏僻，张恒的三夫户外一天也等不到一个客人。张恒没有选择守株待兔，而是主

动突击，亲自到高校摆地摊，到高档小区做展销，没有想到，效果竟然很不错，这些经历为三夫做社群营销奠定了基础。

户外装备是与户外运动紧密相连的，如果大家都没有机会去户外玩，户外市场还如何发展？当很多客户向张恒抱怨因为没有人组织活动，所以外出玩的机会特别少的时候，张恒受到了启发，自己为什么不组织一些户外活动呢？既可以推广品牌，又可以聚集人气。三夫组织的第一个活动是去登司马台长城，通过电话、传真等方式给朋友、客户发送邀请。就这样，不管能来的客户有多少，三夫都一直坚持组织户外活动。用张恒的话说："人多一起走，人少我们就自己出去玩一玩。"这一坚持不要紧，三夫户外活动的人数越来越多，人气也越来越旺。

要想积累人气，单靠组织户外活动肯定远远不够，为了聚集固定客户群，形成稳定的社群，三夫成立了自己的俱乐部。在俱乐部刚刚成立的时候，一切都不完善，甚至需要张恒在业余时间探路，一个人带活动，直到2007年，俱乐部才成为三夫的一个部门。如今，三夫在全国有6家俱乐部，会员人数超过了12万人。每年组织的活动包括赛事、培训、户外活动、长线活动、三夫大讲堂等，也给一些机构承办户外赛事。

可以说，俱乐部为三夫的逆势扩张立下了汗马功劳，如果不是俱乐部为三夫营造了相对稳定的社群，聚集了大量的人气，三夫恐怕很难撑过创业最艰难的那段时期，更不会有今天的成就。和其他活动不同，组织户外活动的可复制性比较差，每一场活动投入的资源相对较多，所以三夫在积攒了足够的人气之后，逐渐从组织户外活动中抽离，开始向户外活动专业产品提供商这一角色转变。

从一个名不见经传的小店，到户外品牌的领军者，三夫的逆袭之路与其社群营销有着很大的关系，其扩张之路正是从社群开始的。如今，随着行业的扩大，社群的作用对三户而言相对来说没有那么重要了，但三夫通过社群逆袭扩张绝对是社群模式的经典案例。

## 线上线下，谁主沉浮？

在互联网时代，不管哪行哪业，如果不和互联网挂点钩，都不好意思说自己是做生意的。但也有例外，面对如火如荼的电商风暴，三夫户外创始人张恒坚信，户外用品最好的销售渠道是多品牌的综合专业户外店，最好的模式就是像美国 REI 那样的模式，而非电商。美国的户外多品牌连锁专营店 REI，在美国有 140 多家店，每年的营业额在 20 亿美元左右，但电商占比在 15% 以内，剩下的百分之八十多还是在专营店渠道完成销售。

早在 1999 年，三夫户外就开通了网站，刚开始只是公司介绍的页面，后来又增加了 BBS 和聊天室。如今，在京东、天猫等网站都开有三夫户外的专营店，规模不大但发展很稳健。从目前来看，电商的增长要远远高于店面的增长，有着很大的发展空间，未来占比也会进一步提升，但是，为什么面对如此巨大的发展空间，三夫户外却急流勇退，依然不把电商作为核心业务呢？

和其他行业不一样，户外行业需要非常个性化和专业性的服务，一部分人买户外用品是为了功能，比如防风或御寒等，而另外一部分人买户外产品，是因为户外运动和他们的生活、爱好密切相关，户外用品和他们的爱好、情感有很深的链接。作为一名户外运动爱好者，这一点，张恒深有感触，所以他断定，爱好户外运动的人不会在网上随便买户外产品。因此三夫户外不会把电商作为核心业务。

线上不作为发展重点，那么线下必然就成为了三夫户外的主战场。2006 年，三夫户外在全国只有四五家店；2010 年后，三夫户外保持每年增开 5 家店的速度，迅速把业务扩展到 11 个城市。与线上相比，线下的开店成本更高，但三夫户外之所以敢逆势扩张，是看中了户外运动在中国巨大的发展空间。张恒认为，目前三夫户外对全国市场的覆盖率还不够广，线下店面还有着很大的发展空间。另一方面，张恒不希望三夫户外发展得太快，这听起来自相矛盾，但张恒有着自己的考虑。

作为一名户外运动爱好者，张恒懂得这个行业的语言和文化。他认为，想要在这个行业立足，就要契合这种文化，企业如果因为发展速度太快、方向错误或者跟行业本身的东西背离，迟早会被颠覆。所以张恒不希望把所有时间都放在扩张店面上，而是能走到户外，更深层次地融入户外群体，找到一个很好的平衡，只有这样，企业未来的道路才会更加稳健。这也是为什么三夫户外没有用加盟的方式扩大规模的原因。

这是一个急躁的年代，但做企业却丝毫急躁不得。三夫户外最成功的地方就在于它知道自己要什么，然后脚踏实地地深耕细作。无论是从社群逆袭扩张，还是急流勇退弱化电商，三夫户外始终都能紧紧把握住发展的节奏，立足行业，找到最适合自己的商业模式。

零售公开课

得到一件东西需要智慧，放弃一样东西则需要勇气！

适合自己的模式就是最好的模式。当别人都在追逐电商的时候，三夫户外却能冷静分析局势，不盲从，严格按照自己的节奏稳步前行，这样的发展态度值得所有企业学习。

## 锤子：社群势能＝产品质量 × 连接系数

2014 年，最轰动科技界的事件之一就是罗永浩的锤子手机，早在两年前，拥有彪悍人生经历的罗永浩就扬言要做手机，不过却遭到了很多人的质疑。两年后，罗永浩发布了锤子科技的第一款产品——SmartisanT1，一个晚上的预订量就突破 3 万台。虽然没有比过雷军 10 万台小米 1 手机在 6 分零 5 秒内销售一空的记录，但也足以在科技界掀起波澜。从一开始，锤子手机就在走极端，爱它的人爱得要死，恨它的人恨得要命，但不管如何，锤子手机的诞生又一次颠覆了人们对手机营销模式的传统观念，成为继小米手机之后的又一个依靠社群闯天下的手机产品。且看锤子手机是如何成功把“社群势能 = 产品质量 × 连接系数”这个公式转化为销售业绩的。

## 没有“铁粉”的品牌没有未来

在锤子手机正式发布前的一个月，锤子科技营销账号就已经敲锣打鼓地正式上线了。锤子科技创始人罗永浩也没闲着，他“利诱”自己的粉丝把头像换成锤子的LOGO，仿佛就在一夜之间，几十万锤子大军浩浩荡荡进入了微博。在罗永浩的不懈努力下，锤子科技的营销账号粉丝量成倍增长，3天突破了50万人。

锤子手机的成功，应该归功于罗永浩的个人魅力，凭借出色的表达能力和敏锐的思维，罗永浩在社交媒体上起到了意见领袖的作用。正是因为他在微博上持续的营销造势，以及在传播策略上满足媒体的需求，才建造起了属于锤子手机的社群，并在社群里培养了一大批忠实的粉丝。罗永浩微博里置顶的是他的微信公众账号二维码，配图文字是：我的微信公众账号，能加尽量加，说不定哪天就有惊喜。一句故作神秘的话，不知道吸引了多少粉丝去扫二维码。即使他只在微博里写了一句“我爱这个世界”，都能一分钟内转发和回复量超过一万，并以病毒式的传播速度扩散到整个微博，这就是罗永浩的魅力。很多人觉得罗永浩是个大忽悠，但就是有粉丝心甘情愿地接受他的“忽悠”，这一点可不是每一个企业家都可以做到的。

锤子手机，成功运用了一个公式：社群势能 = 产品质量 × 连接系数。且不说锤子手机的产品质量，就单说连接系数，锤子手机就已经把它发挥到了极致。

**图6-1　社群势能公式**

这是一个不同于工业化时代的社群经济的时代，在商业领域，没有社群，没有“铁粉”，品牌就没有未来。一个简单的数学公式就能很清晰地表达出社群的巨大威力——社群势能 = 产品质量 × 连接系数。这个公式是指，社群和产品质量从本质上来说是一回事。企业可以从产品着手，也可以从社群着手，二者互相转换。（这里的“产品质量”并不单单指产品品质，还包括了产品与产出、销售额、利润、市值等指标。）如果公司有连接系统，就算什么都不做，也能产生巨大的能量。连接系数有多重要，我们打个比方，企业如果只有 10 个“铁粉”，连接系数为 1，这是一个传统的公司；如果有 10 万个“铁粉”，连接系数为 5，这是一个现象级社群。连接系数为 1 是指企业与客户只有一次连接，客户买完产品之后，不会再买，也不会再推荐给别人。由此可以看出，连接系数越高，“铁粉”越多，社群势能也越高，反之亦然。

在看完锤子手机的发布会后，有人曾这样说：“纵使有很多人在讽刺、调侃、瞧不上老罗与他的锤子手机梦，但是我依然佩服他。他太实在了，不仅能吹出去，还都尽可能地实现或接近。或许，老罗无法达到 iPhone 的高度，但是，这个星球多了一个这么憨态可掬、有理想、有才华、有情怀的中年男胖子，并且他打算用心做手机，打算颠覆重定义，为什么不鼓励啊？”

时至今日，罗永浩和他的锤子手机依然饱受争议，但不管怎么说，在这个注意力极度缺乏的年代，罗永浩凭借他独特的个人魅力穿梭于各个社群，为锤子手机积累了大量的“铁粉”，成功实现了社会化媒体营销，把连接系数做到了最大，也给其他公司带来了新的启示和灵感。

## 产品好才是真的好

比起锤子手机，罗永浩更具有影响力。开过网站，当过作者，摆过地摊，卖过药材，当过老师，还在 2011 年的时候用铁锤怒砸西门子的三台问题冰箱。在还没有做锤子手机之前，罗永浩就已经是不折不扣的网络红人了。喜欢他的人各种捧，不喜欢他的人各种喷，无论是喜欢还是不喜欢，都让罗永浩积攒了大量的人气，这也为锤子手机的自营销奠定了坚实的基础。然而，人们担心的是，罗永浩这个跨界闯入者，能把手机做好吗？毕竟对用户来说，产品好那才是真的好。

曾几何时，罗永浩讲述的“工匠精神”把一大票人感动得痛哭流涕，大家纷纷表示，罗永浩是一个有“情怀”的人。然而，真正的工匠精神必然是扎根行业，深耕产品，而不是花费大量的时间在媒体上博取眼球。显然，罗永浩的做法和真正的工匠精神还有一定的差距。

比起营销，产品质量才是最让罗永浩头疼的问题。对锤子手机信心满满的粉丝们在收到手机后无法淡定了，围绕着“核心元器件良品率低下”“屏幕剥离CNC开孔的设计有问题”两大致命硬伤，锤子手机又一次被推上了风口浪尖。接下来一系列关于手机质量的问题更是让罗永浩头疼不已，一向自信满满的他不得不放低了姿态，在锤子科技官方微博上公开表示:“由于新产线的品控做得不到位，导致一些质量不合格的产品流出，造成了很坏的影响。”虽然锤子科技把问题推到了生产线，但这显然不能作为理由。锤子手机不断曝光的质量问题，充分反映出罗永浩没有对产品和行业做深入考察。

万事开头难，其实小米的第一代手机也出现过很多问题，以至于雷军在硬件团队面前摔了手机。所以，现在就全盘否定锤子的产品为时过早，但却给罗永浩提了个醒：产品是“1”，其他的都是“0”，如果没有产品这个“1”做基础，后面就是有再多的“0”都是白搭。锤子手机应该把更多的时间用在培养优秀的产品人和硬件工程师，以求研发出更好的产品，而不应该一味地在网上制作噱头。毕竟，社群势能 = 产品质量 × 连接系数，产品质量也是影响社群势能的一个重要因素。

锤子手机还犯了另外一个错误——产品定位与渠道之间的矛盾。锤子手机走的是设计、精品、情怀路线，按理说这个路线的渠道应该是像OPPO、vivo那样的传统渠道，但锤子手机却偏偏选择了注重性价比的电商；锤子擅长在网络上制造噱头，按说是适合走电商的，但偏偏它的产品并不注重性价比！当锤子降价甩货也做到2000元以内的时候，走量反而挺顺利，这也从反面证明了锤子定位和渠道的矛盾。

亡羊补牢，为时未晚，如今的锤子手机产品质量的把控已经比之前有了很大的进步，坚果手机的发布，也说明罗永浩已经认识到了锤子定位和渠道的矛盾，所以才会推出性价比相对较高的千元手机。罗永浩是赋予传统制造业新的内涵的改革者和创新者，如果将来他能带领锤子把产品做好，再加上他吸引眼球的能力，锤子手机势必可以在竞争激烈的智能机市场赢得一席之地。

### 零售公开课

情怀抵不过现实，做企业还是需要罗永浩口中的“工匠精神”，把产品做好才是立业之本。

社群势能的大小和产品、连接系数息息相关，锤子手机做好了连接系数，却忽略了产品，所以才会出师不利，给企业的发展带来了隐患。所以，要想借助社群的力量，企业必须做到两手都要抓，两手都要硬，缺一不可。

## 全食超市：“富人去全食超市，穷人去沃尔玛”

在美国，人们“引以为豪”的是能去全食超市（Whole Foods）购物，因为在他们国家，这家超市优势比较突出，比如商品种类最多最全、天然产品丰富、有机食品全面等，而且这家超市是全美首家获认证的有机食品零售商。

在美国有这样的说法：富人去全食超市，中产阶层去好市多量贩店，穷人去沃尔玛。全食超市是美国最大的天然和有机食品连锁超市，也是全美首家获认证的有机食品零售商。这个超市除了食品品种齐全，新鲜味美，更重要的是，绝对不含有杀虫剂、生长激素或转基因成分，但价格也比普通超市高出许多。凭借这种独到的营销策略，全食超市在食品业一枝独秀，被业界称为“零售业创新的最后一个样板”。在《财富》500强企业中曾排名第232位。

## 产品为王还是价格为王

不做广告宣传、不打折扣、价格还很高的全食超市，却能凭借两位数的销售增长率远远把竞争对手甩掉，它是如何做到的？相信当你走进全食超市的那一刻，你就已经找到了答案。

蔬菜码放得整整齐齐，放在开放式保险柜的货架上，柔和的灯光凸显出蔬菜诱人的色泽。沉浸其中，你仿佛置身于艺术的殿堂，而忘记了自己是在一家超市。不用这么惊讶，经营者就是要通过“尽量渲染食品之美”，让你在流口水的同时，忘记了产品昂贵的价格。为了达到这个目标，经营者也是煞费苦心，就连灯光都参考了画廊的灯光设计。如此高大上的卖菜氛围，怎能不让人心动？但这并不是全食超市成功的全部。

食品安全是美国社会普遍关注的问题，特别是对上层社会来说，能够吃到健康美味的食物比什么都重要，而全食超市恰好满足了他们这一需求。全食超市的有机食品都附有认证标牌，用再生纸印制的小册子也详细地写明了食品的产地和生产过程，消费者完全不用担心会买到含有杀虫剂、生长激素或转基因成分的食品。当然，享用这些有机产品的前提是你能承担得起昂贵的价格。在纽约市切尔西地区的一家分店里，有机胡萝卜要卖 3.49 美元 / 磅[1]，有机西红柿要卖 4.99 美元 / 磅，比非有机食品贵出 20% 以上。

罗西是一只生活在有机农场的鸡，天天过着幸福的生活，直到被送进屠宰场，经过一道道工序，变成了摆放在加州格兰戴尔（Glendale）全食超市冰床上的精美袋装鸡肉。罗西的一生是在加州葡萄美酒之乡的定制鸡舍中度过的。她的鸡舍通风、采光良好，陶质的地面上铺有干净的谷壳。她生前不是悠闲地啄食黄澄澄的玉米粒，就是在鸡舍外的院子里散步。和多数食品店出售的家禽不同，罗西从来没用过抗生素或生长激素。

[1] 1 磅约合 0.45 千克。

以上是美国全食食品超市专为消费者精心制作的宣传手册。这些用再生纸印制的小册子就摆放在禽肉制品的冰床旁边。“罗西”肉的价格，是普通鸡肉价格的两倍多。

曾经有全食的消费者宣称：在全食买东西“我从不看价格”。凭借如此走心的营销模式，能够成为美国最大的天然和有机食品连锁超市也就不足为奇了。现在的很多超市都是以价格取胜，但人们对食品的要求越来越高，价格只是消费者衡量商家的标准之一，能够为消费者提供更安全、更有保障的食品，开始变得比价格更重要。全食超市正是把握住了这一点，才能在激烈的市场竞争中一枝独秀。

如今，不但是上层社会，就是普通百姓也开始青睐更安全、更有保障的食品，这就使得全食超市的定位人群进一步扩大，销售额持续增长。当做到让消费者以品质为主要考量的时候，价格就不再是问题。

全食超市的经营目标已经从“最佳有机食品店”变为“最佳食品店”。公司创建人之一兼首席执行官约翰·麦基说：“那时我们已开始注意到一种新型客户流入我们的商店，他们喜欢这里的服务，并认为这里的食物味道也更好。”

## 全食超市：企业就是社区

“让客户和员工优先于股东”；员工可以自己决定商品库存；应聘者试用期满后的去留是由他所在的团队而非公司管理者决定；公司老板公开宣称“利润不是最优先考虑的”……如此奇特的管理方式恐怕也只有在全食超市才能看到。

团队是企业发展的基石，团队能为企业腾飞插上翅膀，也能把企业毁于一旦，关键要看你带的是怎样的一支团队。从创立第一家全食超市开始，创始人约翰·麦基就试图建立起“员工之间最大程度的信任”。他没有食言，在全食超市，最基础的组织单元不是门店，而是团队。每个分店，员工都会被分为 8 个团队。他们被赋予高度的自治权，有权管理门店的各个环节，甚至可以决定新员工的去留。公司表现出了对员工充分的信任，营收、成本与盈利都允许员工查询，上一年度包括管理层在内所有雇员的工资也全部公开。绩效考核是公司鼓励员工努力工作的重要手段，每4个星期，全食超市会计算每个门店团体单位劳动时间所创造的利润，绩效超过一定额度的团队将获得奖金。

与其说全食超市的内部关系是上下级关系，倒不如说是社团关系，企业就是社区，企业里的每一个员工都在为“健康的食品，强健的人类，生机勃勃的星球”的目标而奋斗。“我们并不追求像MBA常常说的品牌扩张，我们正在为我们的使命而奋斗。”建立在共同的感知和目标基础上的全食超市团队，使得全公司成了一个共生社区。

全食超市主要创始人约翰·麦基主张把客户放在首位，他曾经这样说道：

在我的婚姻里，我夫人的幸福本身就是一个目的，她幸福我才能幸福；爱使我把我夫人的幸福放在首位，在使她幸福的过程中，我也得到幸福。企业也是这样，最成功的企业总是把客户放在第一位。对于以利润为中心的企业来说，客户满意是达到利润最大化的手段。但是对于以客户为中心的企业来说，客户满意本身就是目的。雇员来上班，不是因为他们一心一意要让企业赚到最高利润。社区欢迎全食超市，也绝不是因为他们要帮我们赚到最多的钱。

全食超市的经营理念是不为特定的人群谋利，而是为了6个利益相关者（见图6-2），包括客户、雇员、供应商、投资者、社区和生态环境。从2007年起，麦基每年只象征性地领1美元年薪，他规定，高管薪水不得超过全职职工平均薪水的19倍。

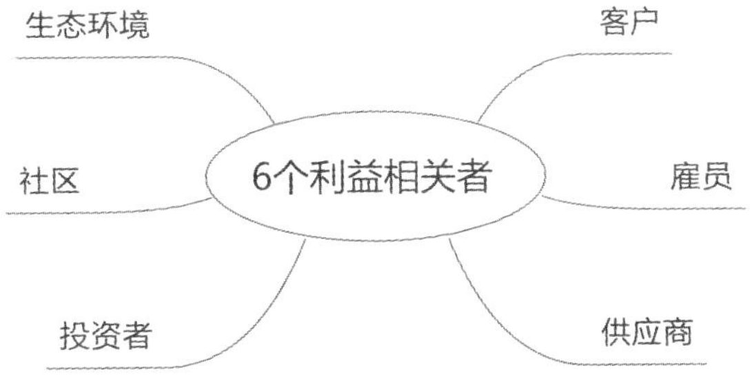


图6-2　全食超市的6个利益相关者

全食超市的形象一直都与其所从事的行业息息相关。多年来，全食超市提倡环保，拒用塑料袋，支持利用可再生资源；多年前它就是全球500强企业中唯一一个碳排放量为零的企业，风能、生物能、太阳能的使用量超过了消耗的电量。不仅如此，全食超市还成立了“同情动物基金”，以帮助相关企业人道地对待动物。霸气的产品、优秀的团队、良好的社会形象，使得全食超市的生意越来越好做，成了美国食品类企业的最大赢家。

### 零售公开课

价格并不是影响产品销量的唯一因素，如果企业的产品因为价格过高而销量不佳，那只能说明两点：其一，产品的定位人群有问题；其二，产品本身就不值这个价。

## 木智工坊：好产品还要好社交

一个品牌官网、一个豆瓣小站、一个豆瓣小组、一个新浪微博账号，就是木智工坊互联网营销的全部阵地。社交网络的传播让木智工坊从名不见经传的实木家具设计师品牌，迅速成了一个真正的知名品牌。互联网时代，每个人都能塑造产品，但却不是每个人都能做成品牌，好的品牌不仅需要好的产品，还需要好的社交。木智工坊正是抓住了这一点才能在实木家具领域一跃而起，成为业内一颗耀眼的新星。网络技术天然具备的平等属性让木智工坊创始人赵雷对互联网有了更大期待，他会继续坚持在社交媒体上分享理念以及木智工坊所做的一切，同时也借助互联网平台创造新的奇迹。

### 实木家具的独立精神

“强调实木用料，反复拆装、灵活组合、平板包装的设计，仅利用社交媒体做口碑传播和推广，实现线上的平价零售。”在木智工坊还没有正式成立之前，其创始人赵雷就已经凭借对家具史的熟稔，为木智工坊找到了一条商业化的可能路径。

作为清华大学建筑系的研究生，赵雷在毕业之后并没有像其他同学那样留在行业内做建筑设计师，而是选择了自主创业。赵雷不愿意当一个“只是画图纸”的设计师，也不愿意让自己成为建筑业的附庸，所以他决定半路出家，做一名普普通通的家具设计师，这才是他的梦想。

和其他设计师曲高和寡的设计理念不一样，赵雷的设计基本上遵循“有用”的原则。木智工坊的第一件设计产品是编号为S01的衣帽架，这款衣帽架设计简约，适合工业化批量生产。可以平板包装、便于运输、组装简单，以上因素就是赵雷对每一件产品设计的基本出发点。

设计师是个高大上的职业，但赵雷在做设计的时候考虑最多的不是如何让自己的设计惊为天人，而是普通消费者最关注的一些琐碎的问题，比如说产品的实用性、包装运输等。举个最简单的例子，现在城市里大部分的楼房都是高层，住在高层的消费者会考虑家具能不能进得了电梯，小户型的消费者还会考虑在有限的居住空间内能不能物尽其用。这些问题看似琐碎，却是木智工坊在设计家具之前都会考虑到的问题。

木智工坊的销售渠道主要在网上，所以平板包装最小化就成了木智工坊一直在追求的目标。比方说，木智工坊有一款编号为S03的置物架，其平板包装体积可以缩小为产品体积的1/7，包装费用降至1/10，运输损耗率降至1/10。平板包装最小化不但可以减少损耗，还可以控制成本。当然，平板包装也有其劣势，比如消费者在收到货之后需要自己组装。在传统观念里，很少有消费者愿意自己亲自动手组装家具，更何况是图便利的网购人群。但赵雷却不这样认为，他希望木智工坊的产品能够由消费者亲自组装，这样在组装的过程中，即使没有设计经验的普通消费者也能体会到设计的乐趣，这也是一个消费者认知品牌和生活方式的过程。从另一个角度来说，木智工坊的主要针对人群是80后，这一人群的特点就是对传播新的生活方式和生活态度的新兴设计品牌接受度很高，所以赵雷相信自行组装家具不会成为木智工坊销售的拦路虎。

“我没学过家具设计，但是我以为设计是相通的。‘对付’这么普通的材料应该没什么问题，后来我才知道这并不是那么容易‘对付’的材料。”半路出家的赵雷坦言，经营“木头”并没有自己想象的那么简单，但凭借着返璞归真的设计理念，木智工坊让木材回归到最自然的状态，让每一件家具充满自然气息而又生机蓬勃。

类似木智工坊这样的独立家具设计品牌，在国内并不鲜见，但木智工坊凭借着实木家具的独立精神，成为家具类“生活方式品牌”的佼佼者。木智工坊走向成功的第一步，就是制造出了最具特色的家具产品，这对木智工坊的未来来说，无疑是最重要的。

## 多管齐下，社交成就未来

木智工坊在 2010 年成立之初就确定要通过网络进行销售，木智工坊在淘宝开设了直营店，但木智工坊的网络营销方式和常规的路线不同。赵雷从来没有刻意定位过客户群，也没有想过自己要为谁做家具，而是根据自己的喜好把产品做了出来，然后分享到豆瓣、微博、淘宝。赵雷认为，喜欢自己设计的人自然会关注，想买的自然就会买。听起来赵雷的营销理念很消极，但木智工坊却通过豆瓣找到了它的核心消费群体，并以较强的产品适用性让这个消费群体接受了木智工坊的设计理念。经过多年的摸索，木智工坊逐渐形成了一套将专业媒体、理念推广及消费者表达结合起来的营销模式。

网络营销讲究制造噱头，吸引眼球，但赵雷却反其道而行之，他抱着宁缺毋滥的态度，从不刻意更新微博内容。在公司成立之初，木智工坊在社交媒体上的内容全部由赵雷一个人完成。“互联网改变了很多东西，最重要的就是信息流动的方式。创业刚开始的时候，我就意识到完全通过网络建立品牌是可行的。”其实在最开始的时候，赵雷想做的是一个专业博客，可是他慢慢发现社交网络的巨大传播力，可以让自己更加充分地表达设计理念。在赵雷的微博里，涉及木文化、设计理念和生活方式，他也会收集一些好的设计图片、视频和作品。长此以往，赵雷找到了对木智工坊最死忠的消费群体。木智工坊有一个品牌官网、一个豆瓣小站、一个豆瓣小组、一个新浪微博账号，在这些社交媒体上，所有设计草图、产品图片和安装说明书、安装详解图片以及视频，都可以下载、观看。正是通过这些网络阵地，木智工坊培养了一大批“死忠”。

在木智工坊成立之初，赵雷从不考虑自己要把家具做给谁，但在社交媒体上，赵雷改变了这一想法。在设计过程中，赵雷会通过微博和豆瓣征集粉丝意见，讨论的方向还是围绕着赵雷的设计理念：如何让木智工坊的设计更具适用性。

网络分享带来的不良后果就是抄袭严重，但赵雷却并不怕抄袭，他坦然道：“我不怕被模仿，也不打算申请什么设计专利，有人抄，也是对设计的一种认可。况且很多东西是模仿不了的，因为你一直是不断生长的，本质的东西永远都仿不来，我自己也是互联网信息分享的受益者。”社交平台的逐步完善让赵雷对木智工坊的未来有了更大的期待，在今后的发展中，他还会坚持在社交媒体上分享理念，把木智工坊的一切都分享出去。

如今，木智工坊在销售方面的经验还比较欠缺，但这并不影响它成为最畅销的木质产品之一，木智工坊通过批量生产和网络销售降低产品价格，再通过社交平台的传播，形成了依托互联网的独立销售体系，让普通消费者也能拥有时尚、环保的实木家具。

## 零售公开课

互联网时代，社交媒体天然具备的平等属性赋予了每一个品牌生命力，木智工坊的成功与其说是产品的成功，不如说是社交的成功。

## 江小白：找到标签、找准标签，就找到了社群

一个品牌，一个产品，不奢望满足所有人的需求，在精准的领域把效率做到最高，形成相对竞争力，是江小白一贯坚持的作风。江小白以轻奢品质定位，大众价格入市，凭借单一高粱酿造的小曲清香高粱酒闯天下。与传统酒企重金砸广告的营销方式不同，在社交网站、社交媒体、社交APP成长起来的江小白，通过社区和媒体开展双向沟通，最终创造出带有社群色彩的情感品牌。标签的解读和应用是江小白营销的利器，找到标签，找准标签，就找到了社群。这个社群也许不高大上，但绝对力量无穷。

### 我是江小白，生活很简单

“吃着火锅唱着歌，喝着小白划着拳，我是文艺小青年”，单是听到江小白的宣传语，消费者就会发现，这款白酒和其他白酒差别有点大，它少了传统白酒的端庄，却多了一些俏皮。没错，江小白针对的主要人群不是土豪大款，而是并不太热衷白酒的年轻人，江小白要打造的就是年轻人喜欢的时尚白酒。和其他酒企推出上百个单品的营销策略不同，江小白主要推出的是单一品种白酒，主要是高粱酿造的小曲清香高粱酒，其口感单纯柔和，少了普通白酒的浓烈，年轻消费者更容易接受。

江小白成立于2012年，在高手如云的白酒行业，它还算是初来乍到的新手，但你可不要小瞧这个看似不太靠谱的白酒业新星，只用了一年多的时间，江小白就实现了盈利，销售额达到了5000万元。其创始人陶石泉坦言：“对于江小白能为市场所接受，首要的原因是从一开始，江小白就以大众价格入市。”

对于年轻人来说，高档白酒买不起，低档白酒口感差。找到了消费者的这一痛点，江小白的机会就来了。20元左右一瓶的零售价大部分人都能

买得起，尽管不能给企业带来暴利，但薄利多销，利润自然会显现出来。

“江小白，男，外形英俊，生日是出生那天，保质期是永久的。主要功能是增加勇气，提高自信心。性格特征是简单、文艺。优点是便于携带，拿得出手。缺点是魅力太大，能瞬间秒杀清纯女和文艺男。”以上是江小白的自我介绍，你是不是以为江小白是一个自恋、自负的80后、90后？错了，这是江小白酒的卡通形象，它不仅有着独特的个性，还有着超高的颜值：黑色头发略长，发型比较韩范，戴着黑框眼镜，标准漫画中的大众脸型。在穿戴方面：裤子为深灰色的牛仔裤，外套为黑色的冲锋衣，颇显英伦风格，再配上灰色的围巾及棕色的休闲板鞋。通过这些描摹，这个人像极了孙红雷在《男人帮》里面的形象——顾小白，这也是“江小白”名字的起源。

“我们从来不以规模大小的指标作为评判江小白经营管理的标准，而且我认为那压根就不是最重要的标准，世界上有那么多的小而美的百年品牌，中国市场今天缺的不是大，而是个性和生命力。”从江小白诞生的那一刻起，经营者就清楚地知道，江小白就是一款和青春相关的小酒，小而美也是一种个性。

“我是江小白，生活很简单”，一句再普通不过的广告语却引起了80后、90后消费者的共鸣，再加上江小白“可爱”的卡通形象，让他们仿佛从中看到了自己的影子，爱上这款时尚前卫的青春小酒也便成了意料之中的事情。

把一款单品做成爆款，形成巨大的单品销量是江小白成功的秘诀。这也给其他企业提了个醒：在互联网时代，不要试图通过一个品牌去满足所有人的需求，那是不现实的。找好产品的消费群体，然后把效率做到最高，自然就会形成相对的竞争力。

### 互联网思维逆袭

江小白已经连续3年开展“约酒”大会活动，每次“约酒”大会，粉丝们都会齐聚在此，在酒杯的碰撞中自由地释放情绪，每一次的相聚都像是一场粉丝的盛大 Party。通过约酒活动，江小白建立了独特的粉丝文化，不断深入粉丝的情感深处，让“约酒”变成了一场由粉丝主动加入、主动推广的宣传活动。江小白的“约酒”活动创造了白酒营销模式上的另类奇观。

和传统白酒企业喜欢重金砸广告的营销模式不同，江小白的营销主战场在互联网上，利用社群社交是江小白最擅长的营销手段。如今，社交网站、社交媒体、社交 APP 都带有标签功能，很多用户都喜欢往自己身上贴标签，而江小白最喜欢做的事情就是解读和应用标签，找到标签，找准标签，就找到了社群。比如说，有的人喜欢电影，有的人喜欢旅游，有的人喜欢音乐，有的人喜欢摄影，这些看似松散的人群，集合起来就是力量无穷的社群。“约酒”大会就是江小白将互联网社群社交关系转换成线下关系和销售力的重要渠道。

“互联网 + 白酒”将会产生怎样的反应？通过互联网思维，江小白成功逆袭，不但广告费用比率比同行业低，宣传效果还比传统白酒广告要好。江小白的创始人陶石泉从一开始就下定决心要跳出传统白酒广告、代理等费用高昂，种种渠道不通畅的怪圈，转而采用“互联网营销”模式和“网络代理商”的模式，销售、代理“去中间化”，不但节约了广告成本，还形成了竞争优势。

江小白是一个近乎完全依赖社交媒体造势出来的品牌，它几乎从来不在主流媒体做广告，免费的社交媒体是江小白营销的主战场。2011 年 12 月 27 日，江小白发布了自己在新浪上的第一条微博：“我是江小白，生活很简单！”从那时候开始，江小白就踏上了社交媒体营销之路。

将微博的运营完全拟人化是江小白的独创，通过卡通形象，江小白在消费者中的品牌识别度变得很高，再加上江小白善于制造话题，吸引了大量粉丝的关注。

与粉丝有效互动是江小白的另一个营销策略，其品牌文案、“约酒”大会创意和节目、江小白配饮料的鸡尾酒喝法都有粉丝的参与。

江小白利用微博、微信作为线上工具，组织线下活动，成功实现了从线上到线下的引流。线上与线下的有效互动增强了粉丝黏性。比如线下的“约酒”大会，增强了消费者对于产品和品牌的互动体验，积累了忠实粉丝。

“一流的艺术，需要世界级的营销水平。”江小白的创始人陶石泉最喜欢日本艺术家村上隆的这句话。在陶石泉看来，中国酒的品质并不比国外差，但却很少有像威士忌、伏特加那样的全球化品牌，主要原因是中国酒业营销水平低、品牌管理水平低，而江小白就是要通过建立起品牌的人格个性，最终成功打造一个带有社群色彩的情感品牌。

通过互联网思维的逆袭，江小白摆脱了传统酒企僵化的品牌塑造流程，加强与消费者双向沟通，成功实现了“互联网＋社群社交”的营销模式，成为中国白酒业营销模式的一大创新。

## 零售公开课

在互联网时代，一个单品也可以走天下。把一个单品做成爆款，形成巨大的单品销量，也可以塑造成功的品牌。

第7章

# 平台模式：
# 只要平台足够大，大象也能在上面跳舞

“平台才是引领革新、重新绘制全球产业地图、把握商业主导权的金钥匙。”平台开放的商业模式已经成为主流，各个垂直领域都出现了平台型服务商，比如阿里巴巴的电子商务平台，腾讯的社交平台，百度的搜索平台，等等。

## 淘宝：零售小品牌的培育场

由阿里巴巴集团在2003年创立的淘宝网是亚太地区较大的网络零售商圈，也是中国首屈一指的电商平台。在淘宝没有诞生之前，谁也不会想到，一个看似不太起眼的网络销售平台能够对中国的零售行业产生如此巨大的影响。短短十几年的时间，淘宝不仅改变了国人的消费方式，颠覆了传统零售模式，更成了零售小品牌的培育场。传统营销时代，想要打造一个耳熟能详的品牌简直难如登天，而淘宝的诞生，让一些小而美的零售小品牌找到了展示自我的平台，其数量呈几何倍数增长。

### 淘宝的平台究竟有多大?

在互联网时代，网购已经成为人们生活的一个重要组成部分。在中国，最具实力的网购平台非阿里巴巴的淘宝莫属了。淘宝的出现，将原本抽象的电子商务变得具象化，引领人们进入网购的浪潮中。上至高大上的一线大品牌，下至小而美的零售小品牌，淘宝俨然已经成了品牌的集散地。只要你想要的，淘宝就不会让你失望。都说只要平台足够大，大象也能在上面跳舞，我们可以通过一组数据，看看淘宝的平台到底有多大：

淘宝2014年注册用户达到了5亿人；
淘宝在线商品数达到10亿件；
淘宝每日峰值近1.2亿次访问；
淘宝网在C2C市场中占95.1%的市场份额；
淘宝网和天猫平台的交易额总额超过了1.5万亿元。

从以上数据我们不难发现，在电商领域，淘宝的平台大得让人难以想象。更吸引商家的是，作为中国电商平台的鼻祖，淘宝在2003年成立之初就宣布“3年免费”。毫无疑问，正是免费的策略帮助淘宝迅速打开了中国的C2C市场，并在短短3年内打败了eBay，成为了中国C2C领域的老大。2005年，阿里巴巴宣布“淘宝将再继续免费3年”；2008年，淘宝又宣布将继续免费。免费模式为淘宝吸引了无数的买家和卖家。

随着淘宝规模的扩大和用户数量的增加，淘宝已从单一的C2C网络集市变成了包括C2C、分销、拍卖、直供、众筹、定制等多种电子商务模式在内的综合性零售商圈。如今，一提到网购，不管是购买什么物品，人们最先想到的就是淘宝。阿里巴巴创始人马云直言，淘宝从成立第一天起就不是按商场或大卖场的买卖方式而设计的，而是希望年轻人通过货物和服务的交易交流来产生一种新的生活方式。淘宝走的不是高端路线，而是以年轻、时尚、新奇的特点成功吸引了一大批小而美的时尚品牌和年轻的消费者。

互联网确实是一个创造奇迹的地方，淘宝的崛起简直是一个神话。只用了短短4年的时间，淘宝网的市场份额便上升到了80%以上，主要对手的市场份额由90%下降到10%左右。平民参与，大众参与，巨大的市场空间孕育了淘宝广阔的平台。

淘宝是最早践行“互联网+”的平台之一，正是因为淘宝开创了“互联网+零售”的先河，才有了今天的电商平台。虽然淘宝的出现对传统零售行业带来了一定的冲击，但也为零售小品牌提供了发展壮大的土壤。受成本、市场等各方面因素的制约，一些在传统渠道无法实现突破的零售小品牌却依靠淘宝平台成功实现了逆袭，这样的例子比比皆是，如御泥坊、膜法、裂帛、韩都衣舍、茵曼、七格格等品牌。

淘宝平台究竟有多大？恐怕凭借简单的数字并不能说明，但有一点，在淘宝平台上，不管你是大象还是蚂蚁，都可以尽情地在上面跳舞，因为淘宝绝对是个足够大的平台。

## 淘宝开启零售小品牌的小时代

2015年“全球最具价值品牌百强榜”，阿里巴巴零售品牌价值首居全球第一，超过了亚马逊、沃尔玛。在淘宝没有诞生之前，零售小品牌就生活在大品牌的阴影之下，同样需要面对日益昂贵的成本，但却不能像大品牌那样占据零售行业的半壁江山，只能在狭窄的利润空间中缩手缩脚地过日子。淘宝的出现，改变了这一现状，无数的零售小品牌在淘宝平台上生根发芽，茁壮成长。在化妆品、箱包、母婴等领域，领先品牌中零售小品牌所占的比例也越来越大，它们逐步夺得了零售行业的半壁江山。如今，随着消费者的个性化需求不断升级，小品牌正在迅速崛起，而淘宝自然而然地成了零售小品牌的培育场。

七格格的创始人曹青是一名80后，2006年，24岁的她以4000元起家，用“七格格”这个名字在淘宝上开了一家网店。七格格品牌以“时尚、独立、女性”为主题，致力于打造针对年轻女性（25～35岁）的潮流时装品牌。从成立之初，七格格就一直专注于小众市场，做小众品牌，通过多个小众品牌叠加成为一个快时尚品牌池。

到2015年，七格格已经发展成为拥有6大子品牌的服装公司，在2009年的时候日销售额就突破了53万，其创始人曹青入选《福布斯》“中国30位30岁以下的创业者”榜单。谈到创业的艰辛，曹青坦言：“我们也是跟其他淘宝店一样，一步一步做大的。最初的时候，每天起早贪黑，午饭、晚饭都是拿盒饭草草对付掉的。”从淘宝店到成立公司，并且实现财务自由，曹青成为无数草根创业者心中的标杆。而她事业的起步点，就是淘宝，如果没有淘宝这个平台，就不会有今天的七格格。

有人曾经设想，也许在不久的将来，百亿级的超级品牌将不复存在，取而代之的将是化整为零后满足细分需求的小众品牌，小而美才是最好的。在淘宝平台上，这个观点得到了印证。以淘宝的女装为例，裂帛、韩都衣舍、茵曼、欧莎、粉红大布娃娃，这些销售额排在靠前位置的都是一些小品牌。这样的现象不仅存在于女装品牌，在化妆品、箱包、母婴等领域，领先品牌中小品牌占的比例也越来越大。传统零售业受条件的限制，品牌覆盖的人群是有限的，只能把销售的面铺开，却没有深度挖掘客户的潜力；而在淘宝平台上，哪怕品牌的覆盖率只有1厘米的宽度，都可以进行深度挖掘，把品牌做细、做深。这也是为什么小而美的淘品牌能占据淘宝半壁江山的重要原因。

在淘宝刚刚成立的时候，很多知名的品牌还不屑于进驻淘宝，活跃在淘宝平台上的多是杂货小店，也正是这种杂货小店为淘宝积攒了宝贵的流量。随着淘宝的不断成熟，杂货小店在淘宝的日子越来越不好过，反而是零售小品牌迅速崛起，成为淘宝平台上最靓丽的一道风景。作为最早践行“互联网 +”的行业之一，淘宝为零售小品牌的发展壮大提供了优质的土壤。随着电商的深入发展以及小品牌市场空间的不断扩大，零售小品牌还有着十分巨大的发展空间。

零售公开课

赵镛浩在《平台战争》一书中指出：“平台才是引领革新、重新绘制全球产业地图、把握商业主导权的金钥匙。”

平台模式不仅需要搭建好的平台，更需要运作好的产品。

淘宝与零售小品牌之间有着天然的相互借力，零售小品牌靠淘宝崛起，也为淘宝吸引了无数的流量，淘宝是零售小品牌的培育场，反过来，零售小品牌的崛起也进一步扩大了淘宝平台，二者是相辅相成的。

## 京东：京东的深度垂直试验

电子商务发展到今天，已经不仅仅是简单的网络零售，扁平化、快速化是整个电商未来发展的趋势。作为在互联网时代成功的第一批垂直电商平台，京东崛起的背后是其不断进行深度的垂直试验。如今，在互联网浪潮的驱动下，京东从一个名不见经传的电脑零售商一跃成了一个跨品类的综合商业零售电商平台，也是一个横跨3C数码、家电、日用百货、家居服饰、生鲜食品、家居家装、移动通信和彩票旅行等多领域的综合性垂直电商零售平台。

## 京东的垂直商业价值链

“赔本赚吆喝，赔钱赚流量”是京东早期乃至现在最真实的写照，“烧钱式扩张”已成为京东的重要标签。烧钱赚流量，亏损是必然的，但京东掌门人刘强东对此却毫不担心。京东最初由3C数码起家，一路发展为囊括了小家电、大家电、日用百货等在内的综合性垂直电商零售平台，实现了从电子卖场到综合商场的转型，玩的就是“不赚钱”。

京东某副总裁就指出：“线上与线下销售商品的价格差最少也有15%，最多高达50%左右。”这就是京东的策略，“不赚钱”的操作模式是为了吸引更多的流量进来。

2015年5月10日，京东集团发布的财报显示，京东2015年第一季度营收366亿元（约59亿美元），同比增长62%，较上一季度增长6%。京东这一季度继续亏损7.102亿元，不过，相比上年同期的38亿元的净亏损已大幅收窄。京东第一季度运营利润率为–2%，跟上一季度持平，较上年同期缩小了15%。

京东年度活跃用户数由截至2014年3月31日的12个月期间的5550万增长至截至2015年3月31日的12个月期间的1.052亿，同比增长90%，活跃用户数首次突破1亿大关。

很多人都认为京东在冒险，担心烧钱模式最终会把京东带入绝境。但小米科技CEO雷军在谈及京东商城烧钱模式时称，京东商城最重要的是规模效应，就像高速公路开车，只要不翻车就能赢。雷军坦言：“各家公司都在血拼，我相信几年之后只剩下一两家公司，大家就比较挣钱了。京东和京东的同行们为这个位置在做非常残酷的竞争。10年前新浪、搜狐、网易都在烧钱，10年之后他们是最赚钱的公司。历史已经证明了互联网模式的先进性。”事实证明雷军没有说错，烧钱烧到一定程度之后，京东成了中国最大的自营式电商企业。

连续多年的亏损换来的是京东作为电商渠道平台的影响力。京东最大的价值在于缩短了企业与用户之间的距离。在过去，一件商品从厂商到消费者手里需要经过代理商、分销商和零售商，而京东打通了与众多供应商的直接合作渠道，直接把商品流通渠道缩短为厂家——京东——消费者，这样的垂直模式不仅缩短了商品上市的速度，也减少了商品的营销费用，使得厂家、京东、消费者三方获利，这就是作为电商平台的京东最大的价值。

京东的垂直价值链还体现在其物流体系的构建上。2010 年，京东推出“211 限时达”，即用户在晚上 11 点前下订单，就能在第二天下午 3 点前收到货；用户在中午 11 点前下订单，就能在当天收到货。最后一公里的快递自己做，为消费者带来了良好的购物体验。

业内人士对刘强东的“甘蔗理论”恐怕都不陌生。刘强东认为，“创造价值才能得到回报”是所有商业模式的基础。为此，他提出了针对消费品行业的“10 节甘蔗”理论，即零售和消费品行业的价值链分为创意、设计、研发、制造、定价、营销、交易、仓储、配送、售后等 10 个环节，其中前 5 个归品牌商，后 5 个则归零售商。

“一节甘蔗的长短在短期内是可以发生变化的，但长期来说是固定的。当进来的品牌过多时竞争变激烈、利润减少，那么这节甘蔗就变短了。这种情况下行业就要发生并购整合，例如整个电子商务行业之前有 40 多家（公司），现在剩下的只有 10 多家了。所以从长期来看，市场规律导致了行业和品牌的利润相对固定在一个合理的水平上。”

京东的垂直商业价值链不止体现在了上游，更将业务延伸到了仓储、配送、售后营销等其他环节。就像是一根有 10 节的甘蔗，京东把其中的 8 节都拿来自己做，便在固定利润水平上发掘出了更大的价值。正如刘强东所言，在产业里做的事情越多，有一天行业趋于理性的时候，才更有能力和资格去获取行业的最大利益。很显然，京东一直朝着这个方向努力。

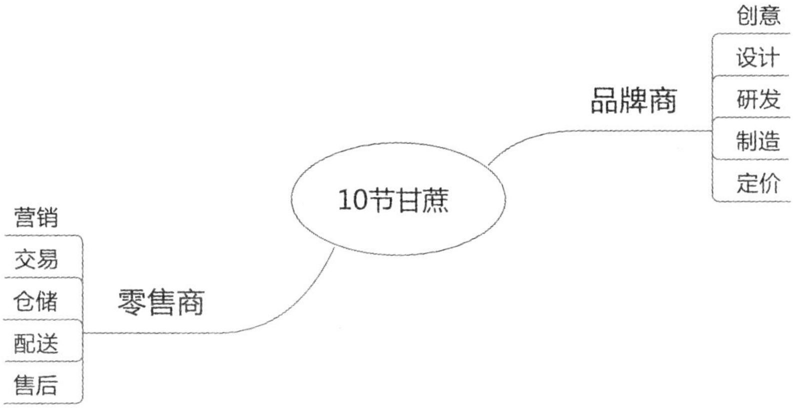


图7-1 刘强东的10节甘蔗理论

## 打造垂直个性化的垂直移动电商

正当传统电子商务方兴未艾之时，移动电商以迅雷不及掩耳之势强势来袭，国内诸多电商平台纷纷开始在移动电商领域布局，试图牢牢把握住移动电商领域的入口，京东自然也不例外。

布局移动电商是京东不得不做出的选择。一方面是因为电商平台迅速从 PC 端向手机等移动端转移，另一方面则是因为众多上游厂家也在打造 O2O 模式，试图弱化和平衡作为直营电商平台京东的渠道影响力。对于京东来说，布局移动电商是一个新的挑战，因为它既需要与时俱进，引领消费文化变革，又要完成从自营平台向开放平台的转型，而打造一个全新的价值平台并不是一件容易的事情。

2014 年 3 月，京东宣布将和腾讯在移动电商领域进行合作。2014 年 5 月 27 日，腾讯向京东开放微信一级入口，京东微信购物频道正式上线。随后，手机 QQ 也开通了京东手机 QQ 购物服务。2014 年，京东掌门人刘强东表示："与腾讯的合作加快了我们在移动电商领域的布局，现在我们通过京东 APP、微信一级入口、手机 QQ 入口接触到更多的消费者。今年第二季度，我们的移动端渠道完成订单量占比大约有 24%。微信和手机 QQ 这个业务还处在初期阶段，我们将积极探索如何在社交网络的情境下更好地开展电商业务。"

和腾讯的联姻，让京东在移动电商领域赢得了一席之地，依靠微信和手机 QQ 的两大一级入口，京东找到了“社交 + 电商”的新玩法，大有后来者居上之势。通过购物入口的导流，京东服务号的粉丝数与日俱增，微信购物入口日益凸显出了它的巨大价值。抽奖众筹、投票互动、合体红包，这些营销新玩法都可以依靠微信朋友圈形成传播力，这是 APP 无法相比拟的。此外，与粉丝的有效互动还能增强黏性，为京东培养更加稳定的客户群。当然，京东的野心绝不限于此，借助购物入口，京东一方面做自营，另一方面做平台，最终的目的就是要借助微信打造“B2C+C2C”的移动电商平台。

追求深度垂直的商业模式是京东一直追求的目标，但在上游厂家都在推动 O2O 模式和布局的背景下，京东显得还不够彻底垂直，它还是横在厂家和用户之间的一个屏障，扮演的是零售商的角色。当然，从自营平台到独立的第三方平台转型，对京东来说并不可能在短时间内完成。刘强东曾表示，自营和平台模式对于京东来说都很重要，缺一不可，不可以互相替代。对于标准化商品，自营模式更有优势，大规模采购将提高京东的议价能力。对于非标准商品，因为 SKU 更加海量、品牌众多而分散，不适合自营模式，必须依靠平台卖家。由此看来，想要把京东打造成一个独立的第三方开放交易平台，未来的路还很长。

狭路相逢勇者胜，勇者相逢智者胜。作为在互联网时代成功的第一批垂直电商平台，要想在激烈的市场竞争中赢得一席之地，京东还有很长的路要走。

## 零售公开课

电商平台有很多，上游的厂家和下游的消费者凭什么选择你？

京东用烧钱的模式打造出了深度垂直的商业价值链，大大缩短了从厂家到消费者的距离。同样是平台模式，京东走出了和淘宝完全不同的路线，这也是京东能够获得成功的重要原因。所以，别人珠玉在前，你要做的不是跟风，而是创新，只有这样才能在激烈的市场竞争中占据一席之地。

## 当当：深耕图书零售，发力自营平台

当当是综合性网上购物中心，由国内著名出版机构科文公司、美国老虎基金、美国 IDG 集团、LCHG（卢森堡剑桥集团）、亚洲创业投资基金共同投资成立。以图书起家的当当逐渐发展成为包括服装、鞋包、图书、家居等众多品类的综合购物中心。2012 年 12 月，当当在美国纽约正式上市，成为第一家完全基于线上业务、在美国上市的 B2C 网上商城。作为最早在国内开展网上售书的网络平台，当当网始终都把图书零售作为很重要的版块来运作，自 2014 年开始，当当网在图书自营、平台化运转、数字书、无线销售等领域全线发力，深耕图书零售，势必要将当当网打造成为最具影响力的自营平台。

### 打造最具影响力的图书零售网络平台

图书行业中间最赚钱的环节是什么？当然是出版社和读者的直接联系。有着多年出版运营经验的李国庆及其夫人俞渝正是明白这个道理，才能抓住机遇，说服了 IDG、LCHG 共同投资，凭借发达国家现代图书市场的运作模式和成熟的管理经营，借助网络平台建立起了当当。经过多年的发展，当当已经成为中国最大的图书信息集成商和供应商。

1999 年，借助互联网的东风当当网诞生。经过多年的发展，当当在图书零售界的势力有多大？一组数据就充分说明了问题：在互联网图书领域躬身耕耘了 6 年之后，当当网的图书销量超过了当时中国图书销量最大的单体书店。到第 10 年的时候，当当已经成了中国最大的网上书店，年销售图书超过 100 亿元。15 年来，当当网累计销售超过 15 亿册图书，全国县市实现送书上门，600 座城市 24 小时送达。2010 年 12 月 8 日当当网在美国纽约证券交易所正式上市。2014 年上半年，当当网图书品类销售达到

1.2 亿册，销售额同比增长超过 40%，占到全国图书零售市场的 30%，占 B2C 市场的 50%。包括平台业务在内，当当网图书 SKU 总数达到 400 万种，其中原版书超过 100 万种。

在竞争激烈的图书市场，当当能够做到图书零售第一，原因有很多，这其中就包括全品种上架、退货率最低、给出版社付款最快、独家品策略以及灵活的价格促销等，正是依靠这些优势，让出版社看到了当当的实力，给当当的进货折扣也最低。平台优势加上价格优势，使得当当横扫图书零售市场。

行业老大的地位并没有让当当感到满足，不断突破自己才是当当永恒的目标。为了能够吸引更多的客户，扩大销售规模，当当先后与天猫和 1 号店开展合作，试图借助对方的平台优势进一步扩大当当的影响力。

2012 年 10 月 30 日，当当网与天猫达成战略合作，当当网以 80 万种图书品类和 30 多万种百货品类，以旗舰店的方式正式入驻天猫。仅仅上线 1 个多月，当当图书旗舰店的日销售额便破千万。天猫成为当当“走出去”战略的第一站。

2014 年 3 月 5 日，当当网与和自己一样同样是依靠个别类目起家的 1 号店“联姻”，凭借双方各自优势的商品品类进驻对方平台，通过强强联合，达到互利共赢。

当当不仅仅满足于追求规模效益，还致力于提升图书业务的整体毛利率。当当的图书毛利率在业界始终位列第一，为 19% 左右。为了提高毛利率，当当采取了一系列的措施，比如展开数字业务、引入“店中店”模式、推出自有品牌“当当优品”等。“当当优品”运营近一个月，销售额就超过 300 万元。

以互联网图书起步，经过短短十几年的发展，当当逐步从弱小走向强大，从亏损走向盈利，直至上市。不管当当新增了多少业务板块，深耕图书零售市场始终都是当当孜孜以求的目标。在新的发展形势下，当当想要保持在图书零售业的老大地位，还有更长的路要走。

## 告别乱战，当当发力自营平台

大浪淘沙方显真金璀璨，曾经被多方夹击的当当在自营图书上显得游刃有余，一度占据了50%的图书市场份额。

当当一直在做平台化转型，与天猫、1号店的合作意味着当当也加入了跨境电商大潮。与其他电商不同的是，当当采取的是“跨境平台模式+自营模式”。自2014年开始，当当全线发力自营平台，图书品类销售达到了1.2亿册。

2014年5月，当当网独家发售“童话大王”郑渊洁家庭教材系列丛书，并与丛书出版商皮皮鲁总动员文化科技有限公司启动全面深度合作，这是当当网首次直接与知名作者联手，也凸显出了当当网在文化消费领域的原创品牌战略。当当网CEO李国庆表示，皮皮鲁独家落户是当当深耕原创文学这条路的试金石，当当希望为国内最优秀的原创作家提供安心写作、无忧无虑的文学创作环境、商业合作环境和用户互动环境，从而提升中国原创文学的品牌力量。

当当自营平台的搭建还包括其物流体系。2014年，当当网图书物流中心“银河1号”投入使用，每年图书吞吐量达到了100亿。另一方面，当当与三通一达[1]等多家大型物流公司合作，进一步推动全国范围送货提速和服务提升。此外，作为渠道下沉战略的一部分，当当网在全国多个城市的中等仓储中心铺货量从30万种扩充到了60万种。

对于当当来说，未来最大的挑战不是来自对手，而是来自自己。虽然目前在图书零售市场还没有出现能与当当匹敌的对手，但当当在垄断市场的同时却没有垄断利润，有明显的市场优势，却没有资本优势，这或许是当当未来努力的方向。

[1] 三通一达指中通、圆通、申通和韵达。

零售公开课

当当的敌人不是别人，而是自己。

所有零售企业都应该把自己当作最大的敌人，只有不断地突破自己，才能在激烈的市场竞争中立于不败之地。

## 万达：地产商也能成为零售业巨头

作为中国商业地产行业的龙头企业，万达已在全国开业109座万达广场，累积持有物业面积2156.6万平方米，计划2015年开业26座万达广场，成为全球规模第一的不动产企业。然而，正当万达在房地产业的业务发展得如火如荼的时候，其董事长王健林却宣布，万达将不再是房地产企业，万达未来将转为服务型企业，做到万达商业、文化产业、金融产业、电子商务四大产业基本相当。如今，万达的商业地产、酒店、电影院线、连锁百货、旅游度假五大主营业务遍布全国各地，用户之多可想而知，万达将会成为中国线下零售的最大巨头。

### 去房地产化，万达力推“轻资产化”布局

“到2016年，万达服务业将会首次超过房地产。从严格意义上讲，明年万达就不再是房地产企业。”2015年，万达掌门人王健林此语一出，业界一片哗然。作为中国商业地产行业的龙头企业，万达的一举一动都备受瞩目。如果万达不再是房地产企业，它的路又在何方呢?

在2015年上半年内部会议上，王健林对万达服务业，包括万达电影院线、文化旅游、万达电商、互联网金融等业务表示出了极大的关注，但对传统的房地产销售、万达百货、大歌星业务却只是寥寥几笔带过。外界判

断，王健林的内部讲话透出了一个重要信息：万达看来是执意要与“开发商”身份分道扬镳。

从2014年开始，万达就开始了大刀阔斧的改革，开始进行轻资产模式转型（见图7-2），逐渐把发展重心转移到包括文化、旅游、金融等在内的服务业领域。经过1年多的努力，万达轻资产战略有了不小的进展。

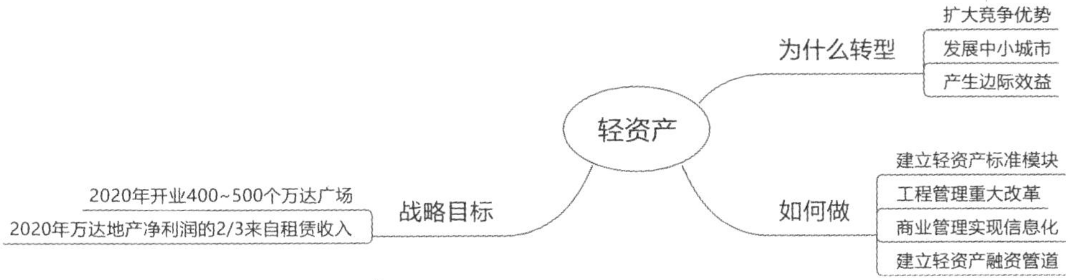


**图7-2　万达的轻资产**

资料来源：2015年4月15日王健林在深交所的演讲。

对于重资产和轻资产，王健林是这样解读的：

什么是重资产？万达商业地产的主要产品是城市综合体，这种产品模式就是建设一个大型万达广场，旁边配套建设一些写字楼、商铺、住宅等，销售配套物业，用销售产生的现金流投资持有的万达广场。因为中国没有支持长期不动产投资的金融产品，所以万达只能以“售”养“租”。万达广场建成后自己持有经营，全部租金收益归万达。

什么是轻资产？投资建设万达广场，全部资金别人出，万达负责选址、设计、建造、招商和管理，使用万达广场品牌和万达全球独创的商业信息化管理“慧云”系统。所产生的租金收益万达与投资方按一定比例分成。这是一种全新模式，万达2014年开始研发，2015年已开始运行。

对于万达的转型，王健林十分有信心，他预判到2016年，万达集团的收入和净利润这两项核心指标上，服务业会首次超过房地产。在王健林的设想中，用两年的时间，万达将服务业比例再提高15%，企业就算全面实现了转型。王健林表示，到2016年，轻资产就要在万达唱主角了。

在万达转型被炒得沸沸扬扬时，万达董事会提出了全新的目标：将公司转型提前至 2018 年完成，到 2020 年万达市值要超过 2000 亿美元，收入要超过 1000 亿美元。

从一开始，万达在轻资产转型上就有着非常明确的布局，无论是组建“腾百万”、并购快线公司，还是与万科“联姻”，其目的都是为了逐步建立内部的轻资产融资管道，用更快的速度完成转型。

2015 年，万达上半年新发展项目 25 个，其中中资产项目 5 个，轻资产项目 16 个，从上半年的业务发展就可以看出，万达轻资产战略进展迅速。王健林说：“我们预判到 2016 年，万达集团的收入和净利润这两项核心指标上，服务业会首次超过房地产，从严格意义上讲，明年万达就不再是房地产企业。再用两年时间，万达将服务业比例再提高 15 个百分点，企业就全面实现转型。”

截止到 2015 年，万达总土地储备面积 8715.2 万平方米，其中很大一部分是可销售物业。万达与万科开启了战略合作，希望把这一业务交给万科来做，这将成为万达轻资产化的重要一环。“未来总体合作所涉及的项目规模肯定会超过 1000 亿，一切只是时间问题。”万科董秘谭华杰透露。和万科的合作，不仅开启了行业崭新的模式，也将让万达轻资产的步子迈得更快。

对于万达来说，重资产模式并不是已经山穷水尽，但躺着挣钱的时代已经过去了，发展难度在不断加大，并且难以进入三四线城市发展。万达想要扩大规模，就要转型轻资产，这样可以帮助万达扩大竞争优势，重点发展三四线城市以及产生边际收益。

去房地产化，力推“轻资产化”布局，并不是万达突然的华丽转身，而是需要踏踏实实地把每一步都走稳走好，这是每一个转型企业都必须做好的功课，更何况是万达这样重量级别的大集团，所以，万达轻资产化的道路并没有表面看到的那么简单，还需要做好更多的功课。

## 万达：打造全球最大O2O电商

王健林在2012CCTV中国经济年度人物评选颁奖盛典上和马云对赌："2020年，如果电商在中国零售市场占50%，我给他一个亿；如果没到，他还我一个亿。"这个赌局显示了王健林对中国电商有无比的信心。去房地产化后的万达开始进军O2O，但与阿里巴巴和京东的模式不同，万达电商不做实物，不卖商品，只做服务，致力于打造全球最大的O2O电商。

王健林说："中国消费结构正在发生变化，从生存型向满足型、享受型，向个性化消费两个方向转化。万达现在发展娱乐、体育、旅游、金融，就是抓住了未来20年。"正是把握住了时代发展的脉搏，才促使万达由重资产型集团向轻资产型集团过渡，而轻资产化后的万达将会成为中国线下零售最大的巨头。如果万达整合线下零售的优势，再配上电商，打造全球最大O2O电商的梦想就极有可能会实现。

不动产、文化旅游、电影院线运营商……经过多年的发展，万达已经成为国内最大的线下消费平台。估计到2020年，万达每年的线下消费者将超过50亿人次，届时万达将成为全球最大的线下消费平台。进军O2O，万达没有单干，而是选择了在互联网界极具影响力的BAT[1]三巨头中的两位——百度、腾讯。显然万达已经意识到，互联网时代，抱团取暖要比单干强得多，毕竟，百度和腾讯拥有线上流量入口和线上用户，这样的优势是万达所不具备的。

2014年，万达、百度、腾讯在深圳举行战略合作签约仪式，宣布共同出资在香港注册成立万达电子商务公司。万达电商计划一期投资人民币50亿元，万达持有70%股权，百度、腾讯各持有15%股权。王健林表示未来电商总投入将超过200亿元。万达电商首席执行官表示，线上线下融合是未来商业终端和电商公司发展的必然趋势，万达拥有全球最大的线下商业平台，通过与百度、腾讯两大巨头合作，万达电商将成为全球最大的

[1] BAT，是指百度（Baidu）、阿里巴巴（Alibaba）、腾讯（Tencent）三家公司。

O2O 电商平台。

在没有转型之前，万达的主营业务是地产，特别是商业地产。随着电商的冲击，万达的线下零售业务也不可避免地受到了冲击，而传统商场成本的不断上涨，使得众多的商业体与租户矛盾日渐加深，如何更好地服务自身的商户是万达面临的新问题。万达广场在全国各地都有分布，其巨大的市场规模极易形成商业网络，如果万达能通过进军 O2O 打造服务于万达自身体系的平台，当然是再好不过了。所以，和阿里巴巴的电商模式不同，万达的 O2O 核心目的是为了更好地服务自身的商户。

正如王健林所言，O2O 是一块巨大的蛋糕，如今的 O2O 主要是替代消费，电商平台基本上集中在图书、家居、服饰等领域，更多像餐饮、影视文化等这种无法替代、可以线上融合的平台还很少见，所以未来的 O2O 发展潜力还很大，包括 BAT 在内，大家的机会都是均等的。作为线下零售业的巨头，万达完全有可能后来者居上，在线上赢得一席之地，最终成功打造全球最大的 O2O 电商。

### 零售公开课

互联网的属性之一就是“连接”，O2O 作为互联网的产物，自然也具备这一属性。对于想要试水 O2O 而又没有互联网业务的企业来说，选择与线上公司合作，抱团取暖是个不错的选择。

# 第8章

# 生态圈模式：
# 升级的战争——从点到面，再到全产业链

未来的商业模式将是生态圈的竞争。普通商业模式比的是单纯的企业内部核心竞争力，而生态圈模式更像是一场升级的战争——从点到面，再到全产业链。和其他商业模式相比，生态圈模式将会变得更加难以模仿，因为它的核心竞争力已经由内部到外部，由单方变成了多方。在“互联网 +”模式下，创新的思维、开放的心态和共享的理念变得尤为重要，企业不仅要打造内部生态圈，还要打造一个多方共赢的生态圈。

# 小米：小米生态，百花齐放

小米科技创始人雷军曾经说过："站在风口，猪都能飞起来。"雷军成功地将他的"风口"和"顺势而为"理论运用到了小米的发展中，把小米打造成为中国手机界的一朵奇葩。小米成功的根本原因在于其独特的商业模式：硬件 + 软件 + 互联网服务。然而，随着智能机市场竞争日趋激烈，小米已经不再满足于单兵模式，而是要从单兵突破到搭建生态帝国，呈现出百花齐放的发展态势。如今，小米致力于打造的互联网生态圈正在加速生长。

## 加紧生态布局，"小米模式"在升级

2015 年，一家名为"21 克"的手机公司成了人们瞩目的焦点，因为这家公司是小米公司和雷军主导的"顺为资本"在手机行业内投资的唯一一家公司。2014 年 7 月，小米、顺为资本正式为 21 克手机注资几千万元。人们普遍认为，投资 21 克手机是小米布局生态圈杀手锏式的一环，21 克手机将会成为小米生态链公司成员之一。

雷军曾经表示，小米创造了互联网手机模式，用"软件 + 硬件 + 互联网服务"的"铁人三项"，为用户带来良好的体验。小米致力打造的互联网生态圈正在加速生长。由此可以看出，建立一套自己的生态系统是小米的野心。实际上，小米的触角早已经从手机延伸到了其他领域。除小米手机外，小米还陆续推出了小米盒子、小米电视、小米平板电脑、小米阅读器，以及路由器、移动电源、随身 WIFI、耳机等诸多产品。接二连三地在智能家居领域布局，体现出了小米在细分领域制造产品热点的能力正在日益增强。

在一次世界互联网大会上，雷军曾畅想了手机未来 10 年发展的美好前景，但马云却反过来说："空气是不行的，水是不行的，手机再好又有什么用呢？"之后雷军在微博表示："的确，整天琢磨做手机的我无语了……谁能帮我回答：手机再好又有什么用呢？”不知道是不是马云的话刺激了雷军的神经，小米空气净化器就这样诞生了，但人们更愿意相信，这是小米在智能家居领域布局的一次重要尝试，和马云的话关系不大。

小米空气净化器隶属于小米智能家庭系列产品，于2014年12月9日发布，这款空气净化器延续了小米性价比的优势，其售价为899元，滤芯价格为149元。内置双风机、桶形三层滤网，支持手机提醒更换滤网，一键订货送到家。雷军表示，小米空气净化器的净化能力可以达到406$m^3$/h（CADR），PM2.5过滤能力99.99%，甲醛过滤能力91%。

智能家居布局只是小米生态圈中的一环，互联网金融与移动支付是小米生态布局的重要组成部分。雷军坦言，早在2014年小米就投资了一些独立的互联网金融公司，了解“赛场”，摸索经验。小米有自己的电商平台，并且凝聚了不少消费者，做互联网金融是小米很自然的延伸。在互联网金融领域，小米虽然是后来者，但雷军坚信在未来三五年的时间里，小米会成为互联网金融的主要平台。

正如小米联合创始人洪峰所说：“做手机是为了什么？正是为了更大的一个生态圈，小米会成为一种智能互联的生活方式，它几乎能覆盖人们衣食住行的各个方面。”2015年，小米逐步加快了生态布局的速度，呈现出了百花齐放的发展态势，一套庞大的生态圈体系正在一步一步地建立。小米用实际行动告诉同行业者：做好手机只是浮云，布局生态圈才是王道。小米生态到底能不能像小米手机那样引发爆炸性的行业洗牌还请大家拭目以待。

### 手机红利衰退下如何布局生态

小米刚刚诞生的时候，以高性价比的路线和“铁人三项”模式（硬件+软件+互联网服务）成为行业的搅局者，不但在中国市场成功立足，还在一定程度上改变了行业发展的方向。经过多年的发展，小米模式成了大家竞相模仿的对象，众多厂商纷纷做起了高性价比的手机产品，这导致小米在手机市场的优势越来越小。雷军显然也意识到了这一点，他曾在内部表示，小米手机目前在国内的市场占有率超过15%，但增长到25%以后会遭遇瓶颈，因为硬件领域永远都不可能像互联网产品一样产生垄断。在此背景下，加快生态布局，是小米在手机红利衰退下的新玩法。

据统计，小米目前投资的生态链企业已达25家。这意味着除了目前已经曝光的不到10家企业，还有十余款智能硬件正在酝酿之中。但小米最终的目标是在未来两三年内布局超过100家硬件公司，打造一个产品林立的“小米帝国”。

小米的生态圈并不是无边无界的。早有传言说小米要进军汽车行业和房地产，雷军对于这样的传言很是反感，他一再强调，小米的主业是手机、电视和智能家居三块，小米只做这三块产品，不会做汽车和房地产。雷军说：“如果什么都做的话，很容易崩溃，很多大公司陷入困境就是因为什么都做。我们能把现在的三块产品做好就已经是了不起的成功了。”如今，小米加紧在手机、电视和智能家居领域的布局，试图通过生态链企业在各个领域复制小米模式。

人红是非多，随着小米生态链的不断扩张，其“敌人”也越来越多。一向温文尔雅的雷军和业内业外的很多人打过口水仗，这其中就包括罗永浩、周鸿祎、贾跃亭、董明珠等。四面树敌的同时，雷军还谦逊地表示：“我们希望朋友越多越好，敌人越少越好，所以我们一直在克制贪婪。”从小米生态布局的速度来看，雷军这句话一点都不实在。成为靶子对小米来说并不是坏事，这充分证明小米的手越伸越长，大有到每个领域都横扫一片的架势，这也从侧面证明了小米的生态链布局比较成功。雷军也不用谦虚，商场如战场，与其浪费口舌，不如把生态圈尽早建立起来。

说到底，小米的敌人不是乐视，不是360，也不是锤子手机，而是自己。正如雷军所言，小米正处在高速增长的时候，首先做的是稳住脚跟，夯实基础，追求更加精细化的管理，只有这样才能把别人眼里的神话变成实业。他说：“我们过去几年一冲锋，结果成了中国第一，但要把每一个基础夯实，不然被别人一冲锋，自己又下去了。”显然，雷军很明白，解决好内部矛盾才是小米问题的真正所在。

布局生态圈，小米还有很长的路要走，毕竟，从点到面，再到全产业链，这是一个十分艰难的过程，并没有想象的那么容易。

零售公开课

商业模式并不是万能的，也不是永久的，是不断变化着、更新着的。

小米“铁人三项”模式帮助小米横扫智能机市场，生态圈模式就是“铁人三项”模式的接力棒。

## 格力：借手机、路由器构建生态圈

作为传统家电厂商，格力对互联网一向持不积极的态度，但随着其竞争对手海尔、美的、海信等传统家电厂商纷纷布局智能家居，格力也逐渐意识到了“互联网 +”的重要性，开始借助手机、路由器构建生态圈。格力做手机、路由器，表面上看是在和竞争对手小米“赌气”，但实际上，格力剑指小米是假，布局生态圈才是其真正的目的。

### 格力手机横空出世，是赌气还是布局？

2015 年 7 月份，科技界最引人瞩目的非格力的“掌上明珠”手机莫属。自从董明珠放出豪言要生产手机，就吊足了大家的胃口。一个做空调的却来做手机，这在跨界就如同吃饭一样的时代并不是什么稀罕事，只不过董明珠早就放出豪言：格力要是做手机，分分钟灭掉小米！如此霸气的挑战，让格力手机还没上市的时候就红遍了全中国。

按理说，格力和小米一个是做空调的，一个是做手机的，井水不犯河水，董明珠为什么要拿小米开刀呢？原来，小米为了扩大其生态布局，斥资12.66亿元入股美的集团，和格力的老对手美的联姻了。很多人都认为这是让董明珠恼火的事情，但董明珠却在一次导师论坛上主动开炮："昨天我在网上看了一篇文章说，小米和美的合作了，董明珠有点急。我急什么？"格力目前已有14000多项专利，在中国所有制造业里，格力专利数量排名第四，确实不需要着急，只不过格力手机能否迅速灭掉风头正劲的小米，还需要时间的检验。

带着大家的期待，格力手机终于露出了庐山真面目。且不说格力这款手机的性价比、功能如何，就单单是开机的问候语，就让一众看客深深地感受到董明珠还是那个任性的董小姐。

格力手机的问候语中写道：感谢您选择格力手机，这是格力跨进全球500强后推出的首批手机之一，它不仅可用于人际沟通，还能开启格力"智能环保家居"的大门。

除了问候语之外，开机界面上方有董明珠的头像，下方则有董明珠的签名。

格力跨界做手机，可不是为了和小米赌气，其实是从自身战略出发，通过对手机端的把控，实现智能家居生态的布局。自2014年开始，智能家居概念被炒得火热，智能硬件行业融资事件达38起，总融资金额突破47亿元。互联网三巨头BAT、京东、小米等互联网和家电巨头纷纷布局智能生态圈，和他们相比，格力已经慢了一步。

格力自成立以来，一直是以专业制造空调作为战略核心。如今，格力已经占领了中国空调市场的半壁江山。但近年来，整个空调业需求急速萎缩，迎来10年以来的最低谷，格力不得不开始打价格战，其利润增长空间正在逐步地放窄。另一方面，单一的产品品类已经不能满足市场的需要，虽然董明珠极力否认自己因为小米与美的的合作而着急，但事实上，二者的合作的确让格力如坐针毡。格力布局生态圈是早晚的事情，而格力能否攻破小米和美的的"围剿"，还是让我们拭目以待吧。

## 剑指小米是假，布局生态圈是真

格力做手机，意在多元化转型和智能家居布局，而造路由器也是为了打造智能家居生态圈。然而，格力和小米冤家路窄，战火从手机蔓延到了路由器。在一次论坛上董明珠宣称，像小米那样搞一个路由器就把所有家电连接起来的不叫智能家居。她认为小米就是个做手机的企业，不管小米跨界做什么产品，说白了也只是投资者，但格力不一样，格力有着一流的技术，不管做什么，凭的都是实力。

"我认为搞一个路由器，把所有家电连接起来，不叫智能家居。格力的智能家居是让你有了格力的一个产品后就不需要其他产品。"董明珠与小米较劲的戏码太精彩，以至于大家都忽略了格力的路由器产品是个什么样子。其实，作为一个在空调领域有着绝对主导权的家电企业，如果真能发挥优势把智能家居做好，还是非常值得期待的。

被炒得火热的格力路由器还没有正式面世，但据网上曝光的路由器谍照来看，这个路由器的配置挺"高大上"：1GHz的CPU，运行内存为1GB，产品内存为8GB，硬盘容量为1TB，预装有安卓的操作系统，而且支持下载安装APP软件，能远程存储数据，除此之外，还可以把它当作智能电视盒子。

这款路由器到底能不能像董明珠宣称的那样"让广大消费者见到格力电器体现出的智能家居是什么样的状态"，到目前还是个未知数。不难发现，在和雷军对赌之后，格力的发展变得激进了不少，大有后来者居上之势。曾经对互联网完全是一副食古不化态度的董明珠，在内忧外患之下开始转变态度，甚至公开表示："互联网对制造业非常重要。"加强智能家居研发力度、线上线下渠道建设、自动化制造升级，以及加快发展上下游核心产业、培养新业务增长点，是格力电器2015年的经营重点。

布局生态圈，格力的杀手锏可不只是手机和路由器，一直有传言格力要进军洗衣机和厨电市场，甚至要涉足汽车领域。虽然这一消息还没有得到格力的官方证实，但据格力空调商透露，格力确实表示要开始洗衣机和厨电产品的铺货。这充分证明了一点，不管是做手机，还是做路由器，绝对不是为了和小米赌气，其根本目的就是要打造智能家居生态圈。

拥抱互联网，加速多元化布局，构建生态圈，格力在互联网领域的努力是有目共睹的。虽然格力在互联网领域起步并不是最早的，但好在它及时搭上了智能家居这趟列车。在今后的发展中，无论是做手机还是做路由器，格力都还有很长的路要走，毕竟，做手机格力是外行，而智能家居领域竞争又太激烈，想要成功并不是董明珠的一句豪言壮语那么简单，如果没有些真本事，可能会很快被别人灭掉。

**零售公开课**

> 未来的企业竞争将不再是单个企业之间的竞争，而是企业生态圈之间的竞争。企业单兵作战将难成气候，布局生态圈才是王道。

## 海尔：构建智能家居生态圈

家居会说话，家居很聪明，这原本存在于科幻大片中的景象，如今正逐步在我们的生活中成为事实。眼下互联网对家居、家电领域的影响，不仅仅在于改变了传统家居、家电企业单纯靠出售硬件终端的盈利模式，更在于在整个领域形成了一种“终端 + 内容 + 增值服务”的新智能家居生态模式。

产品智能化升级、互通互联、渠道 O2O 和盈利模式再造，这些正是智能家居新生态的主要特点。未来，智能家居还拥有无限的空间，据统计，到 2020 年，智能家居市场整体产值将超过万亿元。可以预见的是，当下，“互联网 +”催生的智能家居行业正处于爆发式增长的前夜，因此改造传统模式、探索新业态、跨界合作，也正成为智能家居领域的新常态。正是在这种情况下，传统家电企业海尔迅速出击，打造了自己的智能家居生态圈，同时也打破了行业的僵局。

## “海尔 U+”打破行业僵局

智能家居如今已经成为家居企业眼中的蓝海。随着移动互联网的快速发展，将家居智能化、互联网化成为所有企业共同的战略取向。我们知道，要想真正实现“智能家居”，必须具备供应链、渠道、云服务、大数据等几个因素。在智能家居刚刚起步的阶段，单纯依靠一两个企业将无限拉长整个行业智能化升级的时间，因此，跨界合作和融合就成为产业快速发展的关键。

但是，在“互联网 +”真正到来之前，在我国智能家居行业，一直都是处在一个各自为战的状态，由于市场竞争激烈，家居企业都采用封闭的模式去运作，导致我国智能家居行业一直处在一个瓶颈的状态，整个行业也陷入了发展僵局。

2014 年海尔所推出的“U+”平台，彻底打破了我国智能家居企业各自为战的僵局，海尔所推出的“U+”平台具有开放性，将许多有志于开创智能家居的企业联系在了一起，其中不乏像苹果 HomeKit（苹果智能家居平台）、微软、百度、京东这样的龙头企业。

在 2015 年 3 月的家博会上，“海尔 U+”平台推出首个以家庭为中心的智慧 APP，并且开创了用户与智能产品交互为特点的人机交互模式。与此同时，“海尔 U+”平台还集结了大批精英厂商，覆盖了从硬件、内容到服务的各个环节。在家博会上“海尔 U+”开放平台正式提出将要构建包括智慧美食生态圈在内的七大生态圈（见图 8-1），表现出将智慧生活带入 2.0 时代的美好意愿。

目前，“海尔 U+”开放平台已经走到智能家居行业前列，在引领传统家居互联网化的同时，也将打造出一个以智能生态圈为标志的生活模式。不仅如此，“海尔 U+”开放平台，还将助力“互联网 +”的经济发展，带领智能家居行业实现一个新的跨越。

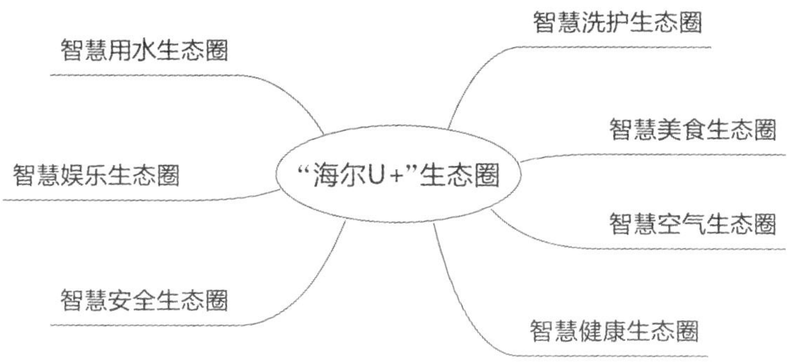


**图8-1　"海尔U+"生态圈**

## 七大生态圈能为用户做什么

到2015年，海尔的七大生态圈已经实现了对所有产品的全覆盖，海尔家电产业集团副总裁王友宁表示："海尔之前是单个产品，现在转型为空气产业、健康解决方案商。"

海尔所推出的七大生态圈，可以为用户定制个性化的产品与产品服务，从厨房美食、空气、洗护、用水，到安防、健康、娱乐，几乎囊括了用户线下所有的居家生活。

以空气生态圈为例，生态圈的构成大致分为3个部分，即硬件、软件、服务。其中硬件是指所有的智能产品，例如空调、空气净化器、空气盒子、星河等与空气相关的产品。用户通过空气盒子或者星河，可以对家中的智能家电进行控制与互联互通。

然后就是软件，用户通过使用海尔为空气生态圈所打造的APP应用，可以实现自定义、自联动（自动启动家中的智能电器产品，例如空气净化器、空调等）、自学习（用户无须自己设置使用习惯，套装会根据用户的使用习惯而自动设置）、自报修（智能产品一旦出现状况时会第一时间反馈给客户，与此同时还将反馈给服务中心）、云服务（智能产品获得用户数据后，为用户提供个性化服务，例如当智能系统感知室内空气质量低于室外空气质量时，系统就会提醒你开窗）。

最后就是服务，目前空气生态圈已经与众多企业合作，用户在使用该企业产品时，无须下载 APP 应用，就可以直接对海尔空气生态圈的产品进行控制，例如：土曼手表、魅族的用户可以对产品进行互通互联与控制；苹果用户可以进行语音交互；微信用户可以建立用户的交互，分享空气质量等；春雨医生用户可以获得最新的医疗咨询、医生在线问诊的服务。

再以美食生态圈为例，海尔推出了智能烤箱、智能酒柜、干湿分储冰箱等智能产品，与此同时“海尔 U+”还与 1 号店、中粮、顺丰优选等企业合作，智能冰箱可以告诉用户食品的保质期，并且提醒用户哪些食品需要购买，哪些食品需要快速使用。与此同时，智能冰箱还与智能烤箱相连接，告诉你如何制作美食。

海尔所推出的智能家居生态圈，提供了技术规范和硬件支持，实现了从产品、系统到服务的互通，并且通过开放接口和云互联的方式实现了让各个厂商都可以为用户提供全方位产品服务的目的。从这个角度讲，海尔不仅推动了我们智能家居的发展，也由此激发出了用户对于智能生活时代的品味和需求。

## 摆脱“硬件制作”的行业宿命

在移动互联网时代，消费主体已经转向 80 后、90 后的年轻人，他们对待品牌拥有自己的认知，他们喜欢评论、分享、互动。一些企业正是抓住了这些消费者的心理而快速崛起，例如小米、魅族、乐视。这对传统品牌构成了威胁。

奥维云网总裁文建平表示：“不主动拥抱互联网，将被颠覆甚至是死亡。”尽管已经是全球家电领先品牌，同时拥有 7 万多员工的海尔，在移动互联网面前也是备感压力。因此，即便已经在家电领域占有一席之地，海尔也仍旧在积极地寻求突破，以摆脱岌岌可危的“硬件制造”身份，向互联网转型。

说到智能家居行业，现如今海尔的“U+”开放平台已经走在这个行业的最前端，但是海尔与善于唱高调的阿里和腾讯不一样，“海尔 U+”更像是一只默默开垦的老黄牛。

早在几年前，海尔就开始大刀阔斧地进行内部改造，内容涵盖从组织架构、企业文化到员工激励机制等多个方面。其目的就是将传统的生产车间转型成为互联网工厂，同时将传统产品转变成为智能产品等。

准确地说，海尔是最早涉及做智能家居的企业。早在2010年海尔就已经推出智能家居概念，命名为“U-Home”，不过在那时是以物联网的模式运作，即海尔“U-Home”与蘑菇公寓签约成功，全面推出适合白领一族的智能化公寓。这次合作由海尔“U-Home”为蘑菇公寓提供成套的智能家居解决方案，在为消费者打造智能化居住环境的同时，也为我国进一步实践“互联网+”的概念提供了范本。但是在那时大多数用户很难将家居与互联网联系起来，甚至觉得海尔所做的只是一个噱头罢了。

青岛海尔董事长梁海山表示：“这是海尔从原来的生产、销售产品的单边市场向多边市场延伸，实现从硬件到开放的平台化模式转型。”

海尔之所以推出“U+”开放平台，是为用户提供一个可以定制的智能生活平台，从而为用户提供个性化的产品与服务。

5年后，海尔当年的设想如今已经成为几乎所有巨头企业、家电企业追逐的对象。这让海尔更像是一个哲学家，因为海尔的思想要过几年才能被大众所明白。

更让人关注的是，“海尔U+”所采用的是开放的模式，可以让众多的企业都参与起来。其中所运用的是以互联网思维打造的供应生态圈。这表明海尔是在下一盘很大的棋，远不是很多企业所期望的借着智能概念多卖一些家电产品那样简单。

“海尔U+”所提供的并不是一个片面的智能家居产品平台，而是一个全面整合了智能生态圈上下游生态链，并为用户提供全面智能家居服务的互联网产品。同时，“海尔U+”平台的推出也表明曾经家电企业的老大哥如今已经完成了智能家居的“入围战”，此刻正大刀阔斧地加入到抢夺家庭信息入口的“圈地战”中。

零售公开课

在智慧生活生态圈中，海尔开放平台、完善生态，聚合全球的力量和智慧融会贯通，如此一来，率先实现智慧生活全面落地也就在情理之中了。

## 苏宁："智能+"计划，打造智能生活生态圈

自2014年开始，智能家居领域烽烟四起，不仅是传统家电企业，就连像BAT这样的互联网大佬都跨界加入到了这场混战中。他们使出浑身解数抢滩智能家居入口，或单打独斗，或结成联盟，最终的目的就是要打造智能生活生态圈，掘金智能家居蓝海。作为传统家电商，包括苏宁在内的传统家电企业自然不会眼睁睁地看着外行跨界闯入抢夺智能家居入口而无动于衷，到底谁才能独领风骚，笑到最后？这个问题目前还没有答案，因为大战才刚刚开始。

### 打破智能家居壁垒，实现互联互通

在格力和小米争斗激烈的时候，国内另外一家传统家电零售企业苏宁也没闲着，开始了在智能家居领域的布局，但和别人不同，苏宁打造智能生活生态圈，抢夺智能家居地盘，可不是盲目跟风，而是有着充分的依据。经过20多年的发展，苏宁掌握了海量的消费者大数据，由此判断出，未来3年智能空调市场占比有望达到70%，而非智能空调将逐步从一级市场退出，智能家居将会成为未来的趋势。

苏宁和其他厂商布局智能家居的策略略有不同，它既没有选择单打独斗，也没有选择与跨界者强强联合，而是选择了与同样是传统家电厂商的

美的抱团取暖，联手推出空调“智能 +”计划布局智能家居，希望通过与美的的合作让“美的云”和“苏宁云”互联互通，实现“美居”和“云居”的双平台控制，共享双方大数据。

2015 年 5 月 28 日，美的空调与苏宁易购在南京举行“智能 +”计划新闻发布会，宣布携手推动普及物联网智能空调。苏宁云商集团 COO 侯恩龙表示，与其他家电厂商试图建立的不可互相兼容的智能产品系统不同，苏宁推出的智能 APP“苏宁云居”，核心就是拆除藩篱，去除信息孤岛，打造智能家居生态圈；可实现云平台之间的互联互通共享、多 APP 平台控制，以及与智能设备的智能交互。侯恩龙强调：“智能家居真正的蓝海，是真正的开放和连接，是实现不同品牌产品之间的互联互通。苏宁所提倡的智能家居，是将供应商和平台商的优势整合，供应商发挥在智能硬件研发方面的优势，苏宁则全面打通直面消费者层面的体验服务。”

如今，智能家居最大的问题就是每个家电厂商都试图建立自己的智能产品生态圈，他们相互之间大多都不能兼容，这就意味着如果消费者的智能家居不是一个厂商的话，就不能实现互联互通。正如海信一位智能家居的负责人所言：“家电品牌之间目前都是竞争关系，无论是产品、市场份额，还是技术也都旗鼓相当，谁会甘心为他人作嫁衣？”如今的智能家居市场还处在混战阶段，大家都希望成为这个领域的领军者，没有人愿意自己被别人整合。从这个角度来说，智能家居落地十分困难。

苏宁与美的的“智能 +”计划，从一定程度上来说实现了云平台之间的互联互通共享，实现多 APP 平台控制，以及与智能设备的智能交互，真正为消费者提供一站式智能家居解决方案。然而，仅仅是苏宁与美的的互联互通还远远不够，想要真正拥有一个完全开放的智能家居平台，还需要传统家电企业和互联网企业的共同努力。

## 抢夺入口，抢占智能家居领域的制高点

智能家居大战愈演愈烈，苏宁在智能生活生态圈的布局也加快了速度，

一方面，苏宁与美的联合发布“智能+”计划，推出的超级智能APP“苏宁云居”，以实现拆除藩篱、去除信息孤岛、连接家电厂商和零售商、打造智能家居生态圈的目的。另一方面，苏宁加紧拉拢手机品牌，与手机厂商深度合作，争夺3C市场。从控股PPTV和入股锤子科技就可以发现，苏宁已经看明白，手机和与手机紧密相连的系列产品已经成了移动互联网入口的关键。

苏宁是O2O做得最好的零售企业之一，无论是线下门店还是仓储物流布局都已经相当成熟，对农村电商和跨境电商的探索也是最早的，但由于缺乏入口，导致这些优势难以发挥作用。通过PPTV和锤子手机，苏宁将会有一个入口矩阵，无限接近目标用户。

早在2013年的时候，苏宁宣布以2.5亿美元投资PPTV，占PPTV公司44%的股份，成为第一大股东。当时很多人都不明白，苏宁为什么要买一个看上去业务相关性不大的视频公司，苏宁副董事长孙为民给出了4个理由，而排在首位的原因就是苏宁看中了PPTV在PC、手机端、电视端均是不错的渠道，可以帮助苏宁丰富渠道，布局入口。事实证明，苏宁的这一步棋是对的，如今苏宁拥有PPTV 64%的股份，一方面PPTV可以帮助苏宁弥补在数字内容消费上的短板，打通视频和在线购物、实现智能家居系统共通；另一方面，苏宁正致力于打造软硬家居产业链模式，可以在PPTV中预置推广自己的应用。

2015年7月6日，视频网站PPTV宣布将发布自主品牌智能手机。据透露，该款手机是金属材质，超窄边框设计，屏幕或超过5.5英寸，并取消HOME键转而采用带有PPTV品牌LOGO的呼吸灯。从定位来看，考虑到PPTV自身主要运营在线视频服务，PPTV手机或将和视频内容以及苏宁的智能客厅计划结合。

如今手机最大的价值在于它是移动互联网的硬件入口，正是看中了这一点，苏宁才会入股锤子科技。苏宁云商副董事长孙为民对于入股锤子一事进行了回应：“不管是代理，资本或是品牌租赁等形式都不代表我们真的涉足到制造业，苏宁不会过多涉足这个领域，但是，我们会建立那个方面紧密型的关系，达到我们对商品的认识和了解。”说白了，苏宁就是要依靠锤子手机作为先锋，去抢占移动互联网的入口。

智能家居领域的大战才刚刚开始，到底谁能笑到最后，还是个未知数，但抢夺入口、抢滩智能家居市场是每一个想要在智能家居领域占据一席之地的企业的必经之路。对于苏宁来说，现在正处在最关键的布局阶段，其所有的设想暂时也未显露出成功的曙光。苏宁要想在这场战争中立于不败之地，还有很长的路要走。

**零售公开课**

布局大生态圈，开放的心态和共享的理念是零售企业必须具备的素质。

仅限于某个企业的生态圈并不能算是真正的生态圈，只有建立一个互联互通的大生态圈才有可能让智能家居真正走入人们的生活。

## 七匹狼：打通线上线下，布局时尚产业生态圈

作为国内男装界的翘楚，七匹狼曾经有过一时的辉煌。但近年来，单品牌的发展模式已经严重阻碍了七匹狼的脚步，其销售业绩不断下滑，陷入了高库存和关店危机。在此背景下，七匹狼试图借助“互联网+”的东风重整旗鼓，建立全新的商业模式。如今，七匹狼转到线上积极进行O2O、微店等新模式的尝试和探索，试图通过打通线上线下，布局时尚产业生态圈，参与线上线下的时尚消费业态，包含供应链、品牌、渠道、传播、资金等模块，致力于把七匹狼打造成为一家时尚零售的平台公司。

## “狼性”渐退，转型迫在眉睫

作为国内知名的男装企业，自2013年以来，七匹狼的发展就陷入了困境，短短两年的时间，七匹狼关店的数量就达到了1000多家，这一数字远远高于同类品牌。究其原因，一方面是因为国内男装遭遇困境，很多名牌企业都陷入了高库存、关店的泥潭，另一方面则是因为七匹狼现有的单品牌发展模式，有规模上限，已经不能适应市场需求的变化。根据七匹狼发布的2015年第一季度报告，第一季度公司营业收入6.38亿元，同比下滑2.33%，净利润为6780万元，同比下滑39.3%。与2014年整体业绩相比，公司业绩下滑幅度正在加快。七匹狼的转型已经是迫在眉睫。

业绩的下滑迫使七匹狼开始探索转型之路，其主要做法就是收缩线下门店数量和推动互联网线上业务，试图借助“互联网+”的东风，通过打通线上线下，布局时尚产业生态圈。截至2014年末，七匹狼拥有终端渠道共计2821家，线下店铺净减681家。七匹狼相关负责人明确表示，未来公司将构建跨越线上线下的时尚产业生态圈，线上部分关注几个方向，包括平台、大后台、产业金融等方面，主要通过参股入股形成生态。

2014年10月份，七匹狼携手苏宁在新浪微博发布了“一件极致的衬衫”，定价499元，这是一款专门针对网络发售的单品。这款衬衫发布当天，该话题的阅读量将近1000万，进入了热门话题TOP5。人们普遍认为，这是七匹狼在传统生意危机下做出的挽救措施，也意味着七匹狼开始向互联网公司学习打造单品。

至于为什么选择衬衫，七匹狼电商总经理王永给出的答案是，在所有的服装品类里，衬衫是最接近“标品”的产品，每个男人都至少拥有一件衬衫来满足他的商务需求。据王永介绍，七匹狼做了两款产品，一款是“狼图腾140S”，主打商务精英，定价699元，首发体验价499元；另一款产品名为100S，在款式上与140S颇为相似，只是面料稍微差点，不过在领子上增加了年轻时尚的元素，而且袖口上也下了功夫，变为水晶袖口，定价为299元，适用人群为都市白领及刚毕业的大学生。

七匹狼推出极致单品衬衫，尝试C2B预售模式，未来极致单品品类有望拓展至整个男性消费领域。

从目前来看，七匹狼的转型之路已经略有成效。2014年七匹狼电商业务实现营业收入约4.3亿元，比2013年同期增长超过40%，而专门针对网络发售的单品狼图腾极致衬衫在多家电商平台上也表现出了不俗的销售业绩。

总的来说，七匹狼目前转型的总体方向是对的，但零售市场持续低迷和终端需求不振依然是七匹狼未来业绩的主要风险，转型之路依然困难重重，2015年上半年的成交量还在下滑就是最好的例子。所以，对七匹狼来说，前途很光明，道路很曲折。要想恢复“狼性”，还需要做出更多的努力才行。

## “投资＋实业”，转型正当时

对七匹狼这样的老牌企业来说，转型有难度，却也不得不转，面对日新月异的市场变化，不转型就只能等死。正是明白了这一点，所以七匹狼才会积极拥抱互联网，布局时尚产业生态圈。如今，七匹狼已经明确了“投资＋实业”的战略方向：一方面通过优化“七匹狼”品牌现有业务，重建“七匹狼”市场号召力；另一方面通过对大时尚消费文化领域的投资，搭建新的利润增长点，最终将公司打造成以“七匹狼”品牌为龙头的时尚集团。

大的方向确定了，具体该如何实施呢？七匹狼相关负责人表示，关于线上的部分，七匹狼会以自身品牌为基础，依靠公司的优势，如完整的供应链与供货渠道等，加大一些对公司有利的产品的运营力度，如一些周转性高、毛利较低、性价比较高的产品，除此之外，还会考虑购买一些比较新奇的生活必需品等，这样才能使公司的产品丰富度高。

公司此前推出狼图腾极致单品衬衫，就是对C2B预售模式的一种尝试。

七匹狼的单品战略取得了一些突破，但单品战略会成为七匹狼的救世主吗？

当人们都在好奇单品战略能否成为七匹狼的长期战略的时候，七匹狼电商总经理给出的答案是这样的：“一定会坚持做下去，这件事要慢慢做，急不来。我认为在未来的商业环境下，消费者会做一个分化，一部分消费者还是会关注店铺体验、品牌文化、设计师魅力、价值观认同等；另一部分消费者可能会更关注产品的实用性、性价比、产品本身的魅力，那么就会有人去生产这样的极致单品来满足消费者的极致需求。在未来关注极致单品的人会越来越多，但是不会完全取代整个市场。”

除了单品战略之外，七匹狼还试图通过变更募投、建投资平台，以此来参与投资服装行业以及相关的时尚产业、零售消费产业。2015 年 7 月份，七匹狼拟变更 10 亿元筹集资金用于投资设立全资投资子公司——七尚投资，该公司将作为七匹狼的对外投资主体。对于这 10 亿元该怎么花，七匹狼做了如下分配：拟 4 亿元用于品牌的收购、代理以及新品牌的培育；拟 4 亿元，用于整合线上、线下的渠道以及参与新商业模式；拟 2 亿元，用于后端的供应链以及资金平台的对接。七尚投资的诞生就是为了适应新的商业模式，帮助七匹狼完成对外的兼并与收购。

总体来说，七匹狼的转型之路才刚刚开始，其主业也还处在调整中，在这种情况下，如果想要打通线上线下，布局包括供应链、品牌、渠道、传播、资金等多个板块在内的时尚产业生态圈，绝非易事，毕竟，这个生态圈跨界多个领域，涉及各行各业的不同环节，跨界难度相当大。

国内服装行业内尚无 O2O 成功典范，希望七匹狼的转型能给行业带来惊喜，在“实业 + 投资”两轮战略驱动下，成功布局时尚产业生态圈。如果七匹狼成功了，对整个行业都具有里程碑的意义。

### 零售公开课

零售企业要找到能开启互联网宝藏的那把钥匙，而不是盲目模仿别人。就像七匹狼，服装行业并没有可供它参考的成功案例，可是如果它实践成功了，它就会成为其他企业学习的最成功的榜样。

# 第9章

# 大数据模式：
# 大数据，叩响精准零售的大门

传统的零售行业一般都会遇到这样的问题：哪种产品销售速度最快？什么时间补货最好？该给老客户们推荐哪些商品？

作为零售业的老板，你可能需要花费大量的时间去点货、出货等；而作为消费者，你也很难在短时间内购买到自己喜欢又物美价廉的商品。

在大数据时代，这些都不再是问题了，采用“零售＋互联网”模式，通过互联网对“大数据”进行处理分析，可精准指导零售的方向。

## 国美：大数据支撑“全零售”战略

假如说在2014年国美电器采用的“O2M全渠道零售商战略”重新树立起企业在互联网零售产业的信心，那2015年国美在线借助“大数据工厂”进行的全零售优惠战略，必将彻底让人们改变对电商平台的传统认识，而且这一战略将助推国美在线登上更高的台阶，直冲前三。大数据是新的财富，大数据技术对于拥有海量信息的零售企业至关重要，决定了零售企业对信息的处理能力。如图9-1所示，大数据有5V的特点。

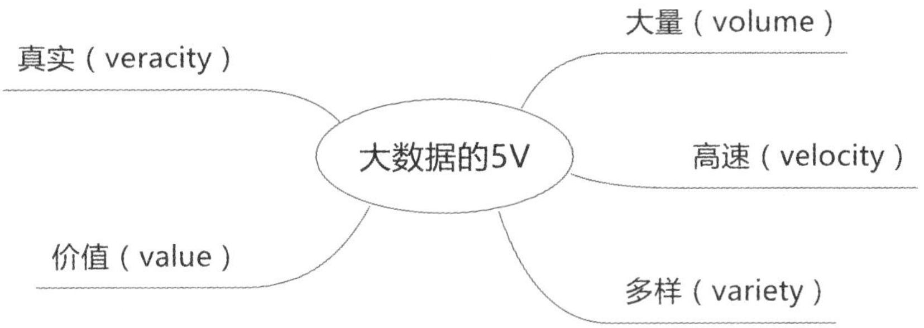


图9-1　大数据的5V

2015年，国美在线在“4·18”大促销活动中，仅在4月16日到4月19日这四天中，其交易总额同以往相比就增长了220%，无线端增长了740%，大型家电销售量多达32万台，创下了国美在线的最好销售额，同时也刷新了同行家电销售商的记录。除了在这次“4·18”活动中取得惊人的成绩外，国美在线在同年3月份推出的“黑色星期五”狂欢购物节中也给行业的不少项目纪录创下新高，如仅在3月12日这一天，国美在线全站的流量涨了两倍，交易总额比以往增长了320%，移动端增长了1103%。

从上面的数据可以看出，国美有一道非常靓丽的业绩风景，而在这扇靓丽的屏风后，是一场跟大数据有关的运营大战。

## “大数据工厂”支撑电商平台

国美从自身的优势出发，依靠自己多年来拥有的庞大会员数量及在零售产业积攒的消费大数据，可以准确、迅速地分析出消费者的消费趋向，比如消费者在不同品牌、不同价格、不同规格的产品上的偏好等，然后更准确地把握接下来的方向，比如该与哪些厂商加大合作力度，或者在不同家电上造成性能价格差，这样就可以让消费者在不同商品、不同价格上作对比，消费者肯定会选择心中“物美价廉”的商品，从而加大消费量，企业因而赢得消费者。

国美在线董事长将此称为国美的“大数据工厂”，他表示：“国美在线在电子商务及移动端领域上不断开拓，需要以‘大数据工厂’为奠基石，而在以后的各类促惠活动中，‘大数据工厂’都会彰显其神奇的力量。”

很多人把“互联网+零售业”理解为一个售卖的电商平台，而国美在线董事长对这一概念的解释是：“它并非只是一个单纯售卖的电商平台，相反，它能完美融合整个后台供应链与前台的线上、线下与移动端，是一个全场景的购物模式，是一个完善的系统过程，而在这个过程中，始终穿插着大数据。大数据的作用非常显要，一方面可以帮助后台有效地降低成本，另一方面则可以在前台提供给客户一个体验产品及服务的平台，目的是让消费者得到最好的服务与体验。”

**1. 支撑物流系统**

时下，物流方面显然成了众多零售行业的“必争之地”，谁效率高，谁就可以在前面跑，而国美在线正好借助大数据这一独一无二的武器在物流端竖起一面旗帜，成为领跑者。因为大数据能帮助指导国美在线的物流管理及配送，它不光能帮助后台降低成本，而且能帮助公司提升物流效率，增进用户体验。比如，大数据能指导仓库货位的摆放，做到“畅销近，滞销远”。

国美在线董事长曾在采访中说过：“为了提高出货效率，公司将最为畅销的前10种家电商品摆放在大仓库中离出货口较近的地方，方便及时出货；而相对滞销的商品，则放在离出货口较远区域，在这块较远区域上施行每周一小调、每月一大调的制度，具体的商品排放位置根据销售情况而进行调整，根据大数据做到商品‘畅销近，滞销远’，减少了出货时间，大大提升了物流的效率，得到消费者的好评。”

### 2. 支撑品牌引进和配置系统

大数据不仅在物流端起着至关重大的作用，在品牌的丰富性及地区匹配方面，也起到重要的支撑作用。比如对空调品牌的引进及配置，大数据就发挥着重大作用，国美在线通过后台数据得知全国很多消费者某一段时间对三星、伊莱克斯等知名品牌有较高的兴趣，所以国美在线就引进了这些消费者关注度较高的品牌。还有，通过大数据分析得知，华东地区的很多消费者较喜欢日系品牌的空调，因而国美在线在华东地区引入了日系品牌空调。通过大数据的分析及延伸所引进的品牌空调，都有较好的销售成绩。

### 3. 支撑价格系统

大数据除了上述提到的两大作用之外，其最重要的是在价格方面的作用。无论发展到什么时代，在零售业，价格都是非常敏感的因素。就算是性能再好的商品，假如价格不能让人接受，不能平民化，那是很难卖出去的。国美在线“大数据工厂”采用反向定制模式，最大限度地降低了产品的设计开发及生产的成本，平衡了消费者的个性化需求及规模化生产的效益问题，最终提供了富有市场竞争力的“价格定位”，从而使消费者不会因为价格望而却步，让商品销售的渠道更加畅通。

图9-2　国美对大数据的应用

以上，就是国美在线运用大数据的三个重要方面。如今，凭借着大数据优势，国美在线虽然发力较晚，但在零售业一路“风调雨顺”，2014 年到 2015 年，国美在线电商平台的排名由第十名一步跃到第五名，直冲前三，底气十足。

## 大数据在“黄金周”再现魔力

在 2015 年“五一”黄金周期间，国美在线在举行的“五一黄金周大促”活动中推出了“三比概念”：首先，比价格，65 英寸的彩色电视机价格比京东低 2000 元，如果比京东贵，国美在线愿意赔 300 元；其次，比品类丰度，一线大品牌品类多，国美在线大家电 SKU 比京东多近 50%；最后，比物流，国美在线保证送货速度比京东快一倍。在这次黄金周活动中，“口气不小”的“三比”助国美取得了巨大的成绩。从上面所述的来看，这“三比”中，每一“比”都必须依靠大数据来支撑。对于价格这一敏感要素，国美在线的董事长牟贵先表示，虽然目前价格因素在消费者购物中所占的比重逐渐下降，但始终还是第一敏感要素，在品类及丰富所占比例逐渐上升的今天，国美会坚决维持低价的优势，不会放弃。

国美成立于 1987 年，至今已有 20 多年的历史，截至 2015 年 4 月，国美会员数已经达到 8000 多万人，而且这 20 年多来，所有会员的消费记录都可以跟踪，这一大数据，完全可以用来预测以后的市场走向。除了有线下会员的消费数据外，国美线下实体店的 WIFI 还可以记录消费者的浏览内容、浏览量及所浏览的时间。而国美线下与线上是互通的，因此可以得知每一个消费者的整体数据，在这个大数据尤为重要的营销时代，这是极其重要的资源，它可以帮助国美更加清晰准确地判断广大消费者的需求。

国美借助“大数据”一方面对消费者进行有效的个性化推荐，另一方面给厂商提供了精准的按需定制的商品数量。通过“大数据”可提前知道销量，定制差异化的商品，自然可以将成本价格及销售价格降到最低，获得更好的销量。

在这次“黄金周大促”活动中，国美在线联合多家品牌厂商，上演了一场精彩的全零售会战，再次为公司创造了巨大财富。从表象上看，这只是价格之战，其实不然，这应该是大数据之战。因为在促销活动开展的前几个月里，国美就根据大数据开始着手于产品的设计生产、配置、物流等，在诸多方面都做足了准备，由于提前“知道”市场走向、消费者喜好，每一次活动都以完美告终。

在零售行业大力竞争的今天，国美正是凭借着自己得天独厚的大数据资源，上演一场场“全零售惠战”，使自己立于不败之地，并成为同行业的领跑者。

### 零售公开课

大数据的战略意义不在于掌握庞大的信息，而在于对这些有意义的数据进行专业化的处理，即关键是通过对数据的“加工”，实现数据的增值。

国美通过分析自己的大数据资源，将商品价格降到最低，提升物流速度，加大品牌丰度及合理的配置，上演数场完美的“全零售惠战”。

## 万科：联姻百度，用大数据精准卖房

身处互联网时代，从2013年以来，万科集团曾多次走访各大互联网公司，最后明白，传统企业已经阻止不了互联网势如破竹的覆盖。对于这个无法扭转的局势，万科制定了新的战略，把互联网引进传统企业，利用互联网的庞大数据作为自己参与市场竞争的有力武器。

2014年，万科集团与百度公司达成战略合作协议，万科看中的是百度强大的数据库及地理位置应用（LBS）。万科相信大数据技术与地理位置引导技术将会对万科的发展起到指导作用。

万科曾表示：万科跟百度“联姻”的目的，简而言之就是要利用百度具有的庞大搜索数据库及定位数据库来研究自己的消费群体，通过这个数据库来了解他们的生活跟商业之间的关系，这样有助于万科更准确地定位，只有企业放到最合理的位置上，才能受到广大消费者的青睐。

其实万科集团在跟百度合作之前，也曾借助大数据来预测市场走向。比如万科在北京房山区规划拿地前，就通过移动、联通、电信这三大运营商的大数据来预判北京房山区的实际人口数，再结合房山当时的实际情况，如新房供应数量、二手房数量及房价等诸多因素进行分析，以便能更好地布局，在合理的位置上，建适量的新房，使销售量达到最好。最后，大数据确实帮万科取得了不错的成绩。所以，万科对大数据的力量深有体会。

在房地产行业，万科率先利用大数据，现在这种跨界已经成为一个潮流。

## “大数据”支撑万科生态系统建立

万科集团这次与百度合作，万科商业地产将得到百度提供的大数据、定位引擎等的智能优化升级解决方案。这样，万科地产在“城市配套服务”的计划中将用到大数据及智能人工计算等技术，他们所建的住房及商场将会得到消费者更多的喜爱。这有助于万科建立一个良性的“营运商、商户、消费者”生态系统，这个生态系统有助于提升客户体验，创造更多的商业财富及保证商业运营的顺利进行。由此可见，大数据及云计算技术是万科集团与互联网接轨的桥梁。

对于这次“联姻”，万科表示：不管万科在社区做大型的综合商业还是社区商业，都需要精确地了解周围消费者的生活状态及生活需求，包括他们跟哪种商业类型走得最近最亲密，以及其消费频次如何等，只有了解了这些东西，才能把自己跟消费者的距离缩到最短。而万科所需要的这些东西，都可以通过百度的大数据来提取。

百度表明：第一个合作地点将是北京昌平区的北京金隅万科广场，百度将为该广场提供“大数据”及云计算技术，使线上与线下融成一体，百度的“大数据”将会为消费者提供最佳行车路线、车库位置状况及商场导航等。

试想一下，假如现在的你位于商场里，想去某一个商铺买东西，百度所拥有的大数据可以帮你分析你想去的这个地方的具体位置、现在里面的客流量、储物品种及储物量、是否营业等；如果你想去，百度地图的大数据会给你提供一条最佳路线，怎么去车库取车，怎样可以更精准找到你的车等。这些东西看起来比较微小，但是确实很适合现在快节奏的生活。而对于万科来说，可以借助这些可贵的大数据来分析消费者的生活习性、偏好及某段时刻的大概人流量等，从而可以及时准确地调整商铺位置，改进招商计划，以达到资源的最合理利用，获取更多的收益。

截止到2015年6月，万科集团的商用业务资源总量已经超过2000万平方米，可作为万科广场的代表有北京金隅万科广场与深圳龙岗万科广场；可作为万科生活中心的代表有东莞松湖中心等；可作为邻家产品系列的代表有杭州良渚文化村及上海2049。除此之外，万科的写字楼、酒店、公寓等商用资源占地面积也已达几百万平方米之广。在传统的行商思维下，结合互联网大数据，万科的商业之路将更加平坦，万科的商业生态系统将更加完善。

### 大数据在房地产业彰显价值

21世纪不动产商业地产总经理蔡宇翔认为：“房地产行业与大数据的结合是件非常有价值的事情，而且它在将来也会成为一种趋势。”万科集团很看重自己与百度的合作，显然觉得大数据对企业发展非常有利，并且对大数据的企业发展带来的改变充满信心。

从以往的地产商业市场调查分析中可知，一般细微的数据是很难取得的，通过分析大数据可以更好地指导商业业态布局及配置，因为大数据能让公司提前了解大体的情况及趋势，比如能不能运营，运营后能盈利多少，借助大数据都可以分析出来。而在商业正式启动后，还可以通过大数据来随时调整业务状态，使商业在每个环节上都顺利运行。这样“高瞻远瞩”后，便可“决胜千里之外”。大数据对于万科来说就好像一把保护伞，在大数据的保护下，万科未雨绸缪，可以获得最大的利益；对于百度来说，如果能在房地产之类的商业中提取有利的数据，或许能开发出比较新颖的模式，这实则是一个双赢的战略。

万达商业的一位高管曾表示非常看好万科与百度的这次拥抱，他说："现在在很多经济较发达的地区，对商业地理数据的分析已经很普遍了，而 80% 的商业数据都是带有地理信息的，这个数据分析的目的就是把商品放到'正确'的位置上，只有位置放对了，商品才能卖出去，才能卖出好价钱，也可以把大数据比喻成靠谱的'风水先生'。"

同策咨询研究部总监张宏伟也表示自己非常看好大数据在房地产行业中的应用，他说："房地产行业通过对大数据进行分析，可以确保在整个过程中的价值达到最大，比如从公司项目的前期规划拿地、营销配置、开工建设及采购等每个环节以完美收尾，这样就可以实现价值最大化。"

在 2003 年时曾流行这样一句话："住宅看万科，商业看万达。"在 10 年后，万科决定重新定义这句话，它决定改为"住宅看万科，商业还是看万科"。事实上，万科的这次与百度拥抱，让人们有理由相信它能做到，拥抱大数据，确实是一条平坦的光明之路。

万科这次与百度的合作将会推进房地产行业拥抱互联网的进程。可以预见，在将来，大数据会在万科的城市配套服务系统中得到良好的循环使用，万科明确表示房地产拥抱大数据后的"下半场"将会更加信息化、精确化、服务化。如今可能很多人觉得房地产事业已经处于大幅度下滑的状态，万科集团表示，房地产只是由"黄金期"变为"白银期"，而与大数据拥抱后，房地产还有可能上升为"钻石期"。万科眼下要做的就是，把客户服务好，还要通过大数据建立一个完善的商业生态系统，将利益扩张到最大。

## 零售公开课

万科联手百度，百度的大数据与云计算技术将为万科提供居民的各类信息，使万科房产能运筹帷幄，将利益最大化。

## 美的：依托阿里云，打造智能化大数据平台

2014 年 3 月 17 日，美的集团与阿里巴巴签署了战略合作协议，双方将共同构建基于阿里云的互联网开放平台，实现家电产品的连接、对话与远程控制。双方表示：未来，美的的所有产品都将接入与阿里云合作的平台之中，阿里云会帮助美的实现大数据的商业化应用。在签订协议的当天，双方在杭州举行了美的·阿里巴巴云端战略合作新闻发布会。

### 智能家居战略深化，依托阿里云打造智能化大数据平台

美的与阿里巴巴的这次合作，其意在充分发挥双方的优势，基于阿里云的云计算平台构建一个智能的物联网系统，建立一个统一的大数据运营及管理平台。在这个系统中，美的负责提供全系列的互联网家电产品，并且对家电产品进行开发以达到可接入互联网家电系统的产品端；阿里云则负责云计算服务及技术，可海量储存及云计算整个系统的大数据。

美的集团空调事业部吴文新表示：从 2014 年起，美的将在所有空调新品中应用物联网智能技术，把空调变成智能终端产品，并计划在三年时间内将一半的空调产品物联网化。此次和阿里云的合作，是基于对彼此技术能力和创新能力的认同。

阿里巴巴集团 CTO 王坚也表示：美的物联网空调的问世将会对智能家电行业乃至整个中国制造业都将产生深远影响。在这个案例中，“云”就是阿里巴巴计算平台，“端”就是美的家电产品。阿里巴巴和美的之间的合作，意味着阿里巴巴在“云端”战略的开花结果。美的将依托于物联网、云计算等先进技术，由一家传统家电制造商变成一家智能家居创造商。

双方的合作一共分为 3 个阶段（见图 9-3）：

第一阶段，2014 年完成标准化物联系统的建设。即建立一套完整、统

一的美的物联网产品应用和通信标准，保证美的全系列家电产品可以无缝接入物联网系统并受统一控制。

第二阶段，2015 年建立完整数据化运营系统。即通过家电物联，实现各家电产品之间能互通互联及互懂，可直接对软件进行在线升级，并且结合用户的运行数据，改善家电产品的品质；通过分析用户的使用习惯，改进家电的生产及物流配备、模式，使美的研发、生产、销售与售后等形成一个互通的系统。

第三个阶段，2016 年建立智能化大数据系统。使智慧家庭与智慧生活融合在一起，打造一个智能化大数据系统，实现大数据集中运营，包括家电互联网数据，美的的研发、生产、销售等数据；同时，构筑开放性平台，提供增值服务，促使传统的产业模式及运营模式发生变革。

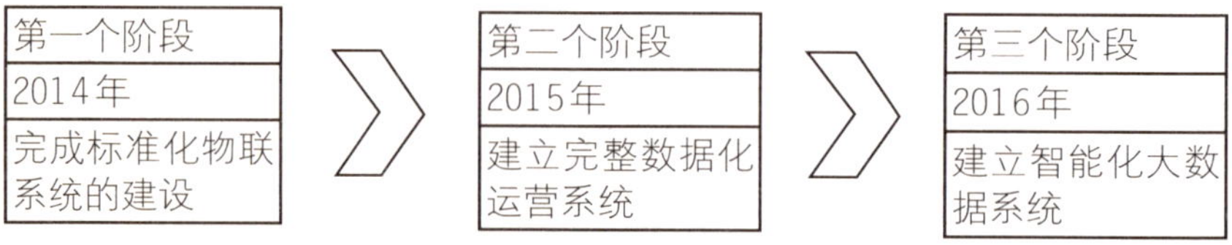


**图 9-3　美的与阿里巴巴合作的 3 个阶段**

双方进行的是强强联合，美的与阿里云在前端产品与后端平台上具有较好的互补性，能够实现共赢。

### 共同构建物联网系统，实现大数据价值转化

一般来说，通过分析美的产品本身的数据及使用者的生活习惯、兴趣爱好等大数据，可为用户提供更好的服务，从而使生活电器智能化过程中的价值上升，因而对终端所获得的海量生活数据进行分析，显得尤为重要。美的与阿里云携手后，可使大数据得到较好的处理分析，整个集团的数据分析能力得到一个大幅度的上升，使美的在竞争激烈的智能家居行业中占得重要的一席之地。

智能家居，落地不易，想腾飞更不易，除了本身的安全性、稳定性及

价格等问题，还要依靠新技术来博得使用者的“红颜一笑”。很明显所谓新技术，必不可少的是大数据及云计算。之前很多人对智能家居的要求可能并不高，觉得那些智能家居虽然简单但是功能也足够了，但随着生活水平逐渐提高，那些“伪智能”家居将逐渐淡出舞台，一批新型的家居就要“粉墨登场”。新型的智能家居不仅要“连”，而且还要灵活地“互连”，设备之间要实现互通互控。

任何智能家居的运行，都是依靠数据来“指挥”，假如数据足够大，家居分析处理能力足够强，那么自然而然这个家居就更智慧，其所能达到的效果就更好。显而易见，在这个过程中，数据及数据处理分析能力都是重中之重。而家居在使用中，数据是源源不断地产生，如果都由它自身来承受，显然对一个家居设备来说是一个巨大的压力。那么我们可以找其他的东西来帮“它”处理分析，这个“代替品”就是云计算。这样，智能家居运行模式便可由传统的“设备端 + 移动终端”变为“设备端 + 云端 + 移动终端”，云计算帮助设备来计算大数据，减轻和缓解设备的压力，效率得到大大提高。

百度的一位高管也曾经说过：“云计算和大数据是一个硬币的两面，云计算是大数据的 IT 基础，而大数据是云计算的一个杀手级应用。云计算是大数据成长的驱动力，而另一方面，越来越多的数据需要云计算去处理，所以云计算与大数据是相辅相成的。”而这两者，都是让智能家居更“聪明”的重要因素。

美的家电产品基于目前所拥有的及之后将源源不断产生的大数据，包括用户数据、产品数据、外部环境数据，以及物联网、电商、物流与市场数据等，通过携手阿里云，运用云计算技术对大数据进行分析处理，分析用户需求、生活习惯等，使产品在设计、生产、物流等环节得到最大改善，更好地服务用户，并且实现精准营销，完成大数据的价值转化。

## 开放协议提供标准 API 接口，构建智能家居生态系统

在美的集团与阿里巴巴签订协议的当天，双方表示将开放相关协议标

准，为第三方应用开放API接口，这一基于阿里云的物联网开放平台，可供数十亿台设备同时接入，并且还可提供数据的储存及计算能力。这样，智能家居便可由APP进行近距离或者远程控制，可以摆脱以前的红外线近距离“遥控”，推动整个生态系统发展。

在智能家居时代，大数据和云计算始终是不可少的元素，一切智能家居都由传感器与互联网进行连接，设备本身的数据及不断产生的数据都能通过云计算来处理分析，只有这两者结合起来，才能让家居更智能。

下面分别是美的物联网智能空调及美的物联网智能冰箱：

1. 美的物联网智能空调

（1）你只需要在自己移动终端上下载一个名为Midea@Home的客户端，即可对它随时随地掌控。

（2）实时监控，故障主动预警，并可采集你的需求，软件主动升级。

（3）方便电量查询，电费一目了然。

2. 美的物联网智能冰箱

（1）手机终端控制冰箱操作界面，让你无需站在冰箱面前，就可以通过手机对冰箱进行调温、模式选择。

（2）冰箱内有多个雷达感温探头，分别感知冷藏室、冷冻室、环境温度变化，精确的感温与反应让食材轻松保鲜。

从上面两个案例可知，这两个智能家居可通过移动端的APP来进行实时监控和操作，非常智能、方便，拉近家居与用户的距离，利于发展家居生态圈。美的集团某高管曾表示：“今后美的集团将对内统一协议，对外开放协议，实现所有家电产品的互联、互通、互懂。”美的的最终目标是构建全新智慧家居生态圈，充分利用自己所拥有的及不断产生的大数据和云计算技术，设计生产出更多的物联网智能家居，构建更加完善的智能家居生态圈。

零售公开课

美的与阿里云合作后，大数据将得到更好的处理，美的系列产品自身压力减小，寿命增加，将更加智能化。

## 伊利：深度挖掘，满足用户真实需求

2014年到2015年，大数据由一开始的“崭露头角”变为尽情释放，众多行业将跨入一个崭新的大数据时代。在这些行业中，零售业似乎更能博得大数据的“喜爱”，时下流行着这样一句话：“大数据改变零售业。”具体的“改变”可从伊利集团身上看出：2014年，伊利联手全球最大的零售商沃尔玛，率先通过分析大数据来服务消费者，将伊利产品的总体销量提升了18%。而大数据又是互联网的延伸，伊利在同年也联手腾讯，实现了O2O模式的完美闭环，使自己在同行企业中领先一步。

### 大数据助伊利摘得全球零售业最具权威奖项

伊利集团因2014年的佳绩赢得了全球零售业最具风向标性质的供应商奖项——沃尔玛2014年度最佳联合营销供应商伙伴奖，成为2014年获得该奖项的唯一一家乳制品企业。伊利通过大数据与品类管理服务模式获得的该荣耀不光使其与沃尔玛的合作进入新阶段，而且标志着伊利将深度挖掘消费者信息，以消费者为中心，以满足消费者的真实需求为目的，借助大数据、品类管理等举措来服务消费者。这将使伊利成为行业中的标兵。

#### 1. 以消费者为中心是销售增长的重要因素

近几年，伊利已经成为中国奶制品行业销售增长最快的企业，而在大众追求个性化的今天，伊利与时俱进，深化自己与零售商的合作关系，将消费者个性化需求、消费体验等作为自己的服务目标，更加强调自己以消费者为中心，实时对消费者的兴趣爱好、消费频次等进行精准洞察，获取消费者的完整数据，接着对数据进行分析，从而能够最大化满足消费者需求及提供更加精准的服务。

因此，伊利集团与全球知名的大型零售商建立合作关系，对消费者及市场展开了积极调研，深度了解消费者的需求及目前市场形势走向，对大数据进行储存与分析，按月或按季度向零售商提供消费者数据及品类发展的分析报告，从而使自己的产品在零售商手里取得更好的销售成绩。同时，还可以深入分析调研到的大数据，深入分析研究消费者及电商，为零售商提供各种产品促销、产品陈列、产品营销方面的规划及建议；对市场、销售、供应链等方面的深入分析研究，可以为消费者提供更好的产品及消费体验。这样，使伊利与零售商实现双赢。

**2. 个性化购物需求增加，客户说了算**

伊利通过分析消费者及市场的大数据，来指导零售商，使伊利产品在零售市场的销售额大幅度上涨，取得惊人的成绩。

以 2014 年伊利利用大数据与沃尔玛合作为例：截至 2014 年 12 月 31 日，伊利在沃尔玛的销售同比增长 18%，其中液奶销售同比增长 19%，酸奶同比增长 21%，均领先于市场及沃尔玛整体品类增长，创下历史新高。

伊利集团表示："以前是消费者围着产品打转，但现在一切都不一样了，越来越多的客户追求个性化购物，期待着为自己量身定做的产品出现，所以现在必须是客户说了算，而伊利用大数据技术和品类管理率先实现了这一点。"

伊利通过市场调研，获得大数据，然后融合、分析数据，洞察消费者内心。了解自己的客户，与客户建立对话，这样能为不同客户量身定做产品，满足客户的个性化需求。并且还可以根据大数据来判断市场走向，具有"预知能力"，这使得伊利产品达到最大化的畅销。

伊利取得的成效都是基于大数据，大数据技术为零售行业带来了新的机遇与挑战，目光长远的伊利紧紧抓住了大数据并且完美运用起来，自然在同行业中占了先机。

### 3. 强强联合，引导乳业发展新探索

伊利集团在2015年3月初举办的年会上考核了多个指标，包括销售数据、消费者反馈、管理的领先性、对行业的引导性及双方的配合度等。沃尔玛最终将“零售商和供应商最佳合作模式”的奖颁予伊利，通过这个大奖来表达其高度认可伊利在消费者服务与零供合作模式方面的探索和贡献。因为沃尔玛是全球零售业的领军企业，它在供应采购、消费服务、联合营销等领域的运作模式对全球零售业产生直接的影响。它给伊利颁发的“最佳联合营销供应商伙伴奖”被看成全球大型零售商与不同行业供应商合作模式的最佳指标，因此，获得至高荣耀的伊利成为同行业中的重要典范。

而伊利获得的荣耀正是源于其自身探索而来的大数据，通过对大数据的处理与分析，与强大的零售商联手，给零售商合理的建议，以消费者为中心，提供最完善的服务，因而才能走远做大。

有乳业专家这样分析：“从乳企和大型零售商的合作模式看，‘沃尔玛2014年度最佳联合营销供应商伙伴奖’的意义已经远远超越了伊利和沃尔玛合作的双边范畴，而是世界乳企在中国市场和大型零售商之间建立新型合作关系，从而能更好地满足消费者对乳品的深度需求，进行了富有建设性的探索，并且具有重要的行业引导作用。”

## 联手腾讯，实现O2O完美闭环

2014年4月26日，中国最大的乳品企业伊利集团和市值最高的互联网企业腾讯签署了战略合作协议，标志着传统企业与互联网企业的结合进入一个新的阶段。这次双方主要在大数据及健康产业、核心营销资源深度运用等领域展开合作，并就O2O领域的合作展开进一步的探讨。

O2O的基本属性是闭环，指的是指两个“O”之间要实现对接和循环。线上的营销、宣传、推广，要将客流引到线下去消费体验，实现交易，然

后用户消费体验从线下再返回线上去，完成闭环。闭环是O2O平台和普通信息平台的重要区别，也是很多传统企业做O2O面临的最大难题，而伊利这次与腾讯合作可以完美地解决了这个问题。

在合作中，线上部分交给腾讯，腾讯在线上的优势是先后通过QQ及微信平台建立起巨大的用户流量，腾讯所拥有的10多亿用户是其他同行所不及的，其依靠巨大的用户流量为背景展开宣传推广，将消费者引向线下进行消费活动；而伊利在线下方面也一样强大，根据2014年4月16日国家商务部、国家统计局授权发布的2013年度中国市场商品销售统计结果，伊利集团占有31.37%的市场销售份额及12.93%的市场覆盖率，最终以20.31%的市场综合占有率拔得乳制品行业头筹，其具有庞大消费群体及完善的物流系统。消费者在线下消费后可以返回线上反馈等，从而使闭环系统趋于完美。这两家不同行业的龙头联手合作，无疑是O2O模式中最强大的力量。

而在伊利与腾讯联手的过程中，始终贯穿着大数据，腾讯通过搜集分析伊利的大数据，才能更好地在线上服务消费者，为消费者提供最合适最完善的信息，指引消费者购买最合适的产品；伊利通过分析腾讯传来的大数据，才能生产出最适合大众的产品，以及为某些消费者量身定做的产品，通过分析大数据，指导物流、产品配备等，双方充分发挥自身的优势，完美利用大数据，实现价值最大化。

其实大数据一直都是存在的，假如伊利没有与腾讯联手的话，仅有一方使用大数据进行指引，那就很难完成O2O闭环，没法使大数据循环。因此有专业的人士称："大数据还是那个大数据，伊利与腾讯合作中大数据技术的应用关键在于落地。物联网是大数据的基础，大数据是物联网的延伸，伊利扎实的物联网建设与腾讯的云计算优势结合起来，让大数据技术不再'飘在天上'，而能成功落地。"

伊利与腾讯的战略合作将是对传统行业与互联网的一次一体化整合，也将给业界传递一个明确的信息："传统行业的互联网化"与"互联网行业的实业渗透"靠的不是概念翻新，而是挖掘用户体验和产品价值。只有充分使用大数据技术，为用户提供最好的体验，以及以最合理方式为产品价值增值，企业才能平稳前行，同时获取最大的利益。

## 零售公开课

大数据时代，需要精准营销。伊利与零售商合作，通过分析消费者与市场等大数据，充分了解消费者，针对用户的需求和消费习惯，打造用户需求的产品，同时为零售商提供合理建议，扩大了产品销售量。

# 第10章

## 展望：
## 变革与升级，何妨再赌20年

传统零售业的商业形态在互联网的冲击下已经变得支离破碎，新的商业形态正在逐步形成，变革与升级成了行业的主旋律。

新征程，再出发，传统零售业在变革与升级中破茧成蝶，拥抱互联网成为零售业的新常态。为了零售业更美好的将来，再赌20年又何妨？

# 新生态："互联网+"构筑零售业新生态

2015年两会过后，"互联网+"一时之间成为炙手可热的词汇，各行各业都期盼能借助"互联网+"的东风更上一层楼。零售业是较早与"互联网+"紧密相连的传统行业，对零售业来说，互联网就像是一把双刃剑，一边颠覆传统零售业的生存逻辑，一边又重新构筑零售业新生态。不管未来面临的是机遇还是挑战，零售业都不得不主动拥抱互联网，因为这是行业发展的必然趋势，谁也无法阻挡。

## 借力"互联网+"，零售业再出发

所谓"互联网+"，是以互联网平台为基础，利用信息技术与各行业跨界融合，推动产业转型升级，并不断创造出新产品、新业务与新模式，构建连接一切的新生态。其实早在2015年"互联网+"一词出现之前，就已经出现了很多"互联网+"的形态。比如"互联网+传统零售业"有了淘宝，"互联网+交通"有了滴滴快的，"互联网+传统金融"有了P2P、众筹……"互联网+"模式下，各行各业迎来了最波澜壮阔的时代。

在中国，作为流通的主体行业，零售业是最早与互联网产生联系的传统行业之一，经过多年的融合，互联网与零售业已经产生了剪不断理还乱的关系，特别是"互联网+"模式的诞生，将推动零售业进入全面变革的时代，转型创新成为行业内的热点，也成为零售业发展的关键。

近几年，在网络零售的冲击下，传统零售业的发展呈现出了新的特点。一些大型零售企业的经营战略和定位有了翻天覆地的变化，开始从售卖商品向提供服务和引领生活方式转变。休闲、餐饮、娱乐成为各大百货商场的标配，一站式的综合服务中心纷纷崛起。另一方面，零售企业已经认识到粗放式的经营模式和管理模式难以为继，纷纷开始通过自建平台或与平台企业合作，发展自营业务和网络零售业务，致力于探索出一条差异化的经营模式。

在“互联网+”概念没有提出之前，传统零售业与电商打得你死我活，特别是传统零售业，对电商恨之入骨。电商的迅速发展给了人们一种错觉：传统零售业最终会被电商彻底取而代之。然而十几年过去了，电商发展势头的确迅猛，传统零售业也的确受到了不小的冲击，但传统零售业还依然顽强地挺立着。其实这不难理解，在新媒体诞生之后，很多人都叫嚣着传统媒体的末日到了，但直到今天，报纸、广播、电视一样不落地都好好活着。新事物的诞生并不是为了颠覆谁，而是为了在旧事物的基础上，衍生出更好的发展形态。

“互联网+”概念的提出，不仅缓和了电商与传统零售业剑拔弩张的关系，还充当了一回“红娘”，让二者的关系变得更为亲密。电商开始从线上走向线下，比如京东开始和便利店联合，阿里巴巴入驻银泰。而传统零售业的电商基因也变得越来越浓，就连地产大亨万达都开始忙着转型，试图把集团打造成为全球最大的O2O电商。

借力“互联网+”，零售业又站在了新的起点上，与互联网的跨界融合将给零售业带来新的机遇和挑战。在未来的发展中，零售业需要逐步摸清互联网的发展套路，并在不断的实践过程中做出创新，摸索出一条适合自身发展的道路。互联网能不能成为零售业的销售利器，最终还是要看从业者自身的本事，毕竟，企业业绩才是根本。

## 当“店商”遇到“电商”

在以前，“店商”和“电商”见了面，不打起来也会狠狠瞪对方一眼，特别是“店商”，近几年被“电商”逼得几乎要关门歇业了。但是，自从“互联网+”横空出世以来，“店商”遇到“电商”不但不会干架，还能在一起愉快地玩耍了。

电商的威力到底有多大，看看阿里巴巴的淘宝就什么都明白了。淘宝从2003年成立到今天，仅仅用了十几年的时间，就占据了中国零售行业的半壁江山，马云也一跃成为中国的首富。这样的发展速度在传统行业几乎是不可能实现的。也难怪人们会担心“电商”颠覆“店商”，在如此巨大的冲击下，“店商”能够活到今天实属不易。然而，一个很简单的问题就注定了“电商”不会彻底取代“店商”。试问，在夜深人静的晚上，口渴难耐的你，能从淘宝上买一瓶水来马上解渴吗？答案显然是否定的，但街头的便利店却可以轻而易举地就为你解决这个问题。互联网对需求满足的滞后性给了传统零售商生存的机会。所以，“店商”和“电商”都有自身的优势和劣势，只有二者互补才能最大限度地挖掘彼此的价值。

2013年，银泰与天猫达成O2O战略合作，并在2014年推出O2O产品“银泰宝”。阿里巴巴战略投资银泰商业，与银泰合作，大力推行线上线下客户资源共享及电子商务体验店；苏宁把互联网超市从线上开到了线下，在其家电卖场里，客户不仅能买到家电，还能买到粮油、蔬果、服装；万达集团也不甘落后，在2014年推出了“账户互通”，打造线上线下一体化账号及会员体系，并通用积分联盟，建立了国内最大通用积分及大数据联盟……在“互联网+”模式下，零售巨头们纷纷试水O2O，通过一系列举措建立线上线下互动融合的新生态。

传统零售业开始主动拥抱互联网，而互联网企业也没有闲着，包括BAT、京东等在内的互联网大佬纷纷开始在线下布局，争相开起了接地气的实体店。无论是从线上走向线下，还是从线下走向线上，都充分说明，在“互联网+”模式下，零售商业新的生态正在生成，线上线下的优势互补使得O2O开启了全新的购物模式，这对传统电商和互联网企业来说，都是一次千载难逢的机会。

电子商务行业发展方兴未艾，可以预见，未来会有更多的“店商”触网，也会有更多的“电商”下线，二者不应该再出现剑拔弩张的局面，而应该相逢一笑泯恩仇，通过优势互补提升品牌形象。

互动融合下的“店商”与“电商”，将会在未来的发展中面临更多的挑战，毕竟，行业新生态的形成需要一个漫长的过程，在这个过程中，“店商”与“电商”只有在对抗与合作中找到最佳的融合点，才能真正实现双赢。

零售公开课

顺势者昌，逆势者亡。“互联网 + 零售”是行业发展的必然趋势，传统零售业抗拒是没有用的，不如好好地借助“互联网 +”的东风，在新业态中赢得一席之地。

## 新未来：实体会员 + 社群媒体营销

O2O 已经成为了零售业新的经济增长点，打通线上线下是实现 O2O 闭环的关键环节，但问题是，到底要如何链接线上线下才能最大限度地实现 O2O 的闭环？互联网最大的特性之一就是产生链接，O2O 也不例外，相信线上与线下的链接会有无数种，今天人们所看到的只是已经被发现的，而未来，还会有更多的链接产生，就比如“实体会员 + 社群媒体”。

### 实体会员，不可忽视的社群力量

会员制度在零售业中并不少见，很多零售企业都会推出会员卡，以此来增加客户的黏性。在互联网还不像今天这样发达的时候，商家了解客户的信息就是要依靠会员制度。随着时代的发展，会员制度成了很多零售企业的鸡肋，冗长的客户信息记录在案，企业却不知道该如何运用，真的是食之无味，弃之可惜。实际上，即使在互联网极度发达的今天，实体会员依然是一座宝藏，只不过很多企业没有掌握开启宝藏的密码而已。

实体会员是企业了解消费者的最佳途径，实体会员越多，企业掌握的客户一手资料就越多，长此以往这些看似冗长的资料便可以形成大数据，这些大数据便是企业的智囊团，能够给企业提供依据和帮助，使企业的决策得到优化和改进。

2014年“万圣节”期间，上海大悦城举办了一次主题为“鬼屋”的营销活动，本次活动的目的就是为了提高有效会员的黏合度。通过对大数据的分析，大悦城将这些会员感兴趣的品牌作为积分兑换目标，以此来拉动会员。大悦城对这部分会员进行了画像：第一，这些会员是女性，她们对购物感兴趣并且会带来男性客户；第二，这些会员近一个月没来，但有过购物记录。上海大悦城最后将活动信息发给12万会员中符合其目标受众的1824人，最后实际产生兑换的人数为128人，参与率为7%——同行业同类促销活动的参与率仅为1%。上海大悦城一位高管总结说，这样的定向促销活动，不仅节约了营销成本，更重要的一点是，不至于为了几百个人的有效消费，而牺牲了10多万人的购物体验。

实体会员不仅可以产生大数据，还可以形成社群，帮助企业积攒人气，从而保证企业的利润。比如目前影响力最大的互联网知识社群“罗辑思维”，其主讲人罗振宇在4个月内两次招募付费会员，入账会员费就近千万元。

在过去，很多企业吸引会员的手段就是给予客户一定的优惠，但这并没有真正发掘出实体会员的价值，会员更希望的是得到区别于非会员的服务，而不是一点点折扣。如果企业长期没有为会员提供一定的特殊服务或被会员认可，企业发给客户的会员卡就会被闲置。

在竞争激烈的零售业，留住一个老客户有时候比开发一个新客户还要难，建立稳定的忠实的客户群体就显得尤为重要。完善的会员系统不仅可以帮助企业留住老客户，还能让企业与消费者建立起感情，增强消费者的黏性。对零售企业来说，与其花费大量的物力、财力去开发新客户，还不如依靠会员制度去开发老客户的新需求，毕竟后者的成本更低。

总而言之，零售业不要小看了会员制度，如果把实体会员维护好了，将给企业带来无穷无尽的财富。

### 实体会员＋社群媒体：传统与现代的碰撞

在零售行业，相对于社群媒体而言，会员制度算是比较传统的营销策略，可是如果传统的实体会员与时尚的社群媒体发生了碰撞，会擦出什么样的火花呢？

在美国纽约，有一家名为 Tasty D-Lite 的连锁冰品店，这家店创造性地把会员卡与 Twitter 以及 Foursquare（基于用户地理位置信息的手机服务网站）合作，只要客户持 Tasty 会员卡来店消费，就会自动在客户的 Twitter 上发出一条“我刚在 Tasty D-Lite 获得了 5 个消费点数”的信息。如果客户同意在 Foursquare 上登记，还可以得到额外的点数，加快客户集点换奖品的速度。不难发现，Tasty 的做法很聪明，它把一个人的消费变成了一则则免费广告，而且是消费者自己把广告发到社交媒体上的，而 Tasty 付出的仅仅是相当于消费一美元的点数代价。

不得不说，Tasty 的营销策略真的很棒，就好比你在某个地方正发愁不知道中午要吃些什么的时候，突然在 Foursquare 发现了你的朋友曾经光顾过附近的某家餐厅，你可能就会毫不犹豫地步入这家餐厅。由此看来，把实体零售业的会员卡与虚拟的社交平台联系在一起，帮助 Tasty 成功地征服了无数的社群，不但老客户更忠诚，还能凭借这些社群不断地向外拓展，这种传统与时尚的碰撞产生了全新的商业模式。

如今，“实体会员 + 社群媒体营销”这种全新的商业模式在国内还属于新鲜事物，国内的零售企业更愿意把社群营销与网络相互结合，比如小米，其“参与感、把用户当朋友、新媒体”的标签大家都已经耳熟能详了，雷军就是要通过网络社群建立与消费者的链接，从而形成社群经济。在 2014 年的销售活动中，仅仅是一瞬间，就有超过 500 万用户涌入 QQ 空间的红米首发页，最高峰值一度达到 80 万人 / 秒。在销售活动正式开始之前，就已经有约 1500 万用户参与了签到预约。社群媒体的力量之大可见一斑。

虽然“实体会员 + 社群媒体营销”的模式还没有得到普遍推广，但已经有越来越多的社交平台跟地图软件连接，比如新版高德地图新增了新浪微博的社交内容，用户可以直接在地图上与好友进行分享和互动，打开具体的地点之后，就能看到新浪微博好友分享的吃喝玩乐等信息。高德地图副总裁郄建军表示：“位置服务将是新社交关系的核心，通过平台开放和产品的深度整合，位置将衍生成为一种新的社交方式。”

高德地图与新浪的合作已经迈出了“实体会员 + 社群媒体营销”的关键一步，如果未来能有更多的零售企业把实体会员也加入进来，就会形成诸如 Tasty D-Lite 的商业模式。当然，这是零售业的新未来，想要真正实现还需要线上与线下产生更多的融合。

零售公开课

有调查显示，客户流失率降低 5%，企业利润增长 25% ~ 85%。

不要小瞧任何一种营销模式，哪怕是小小的会员制度，如果把实体会员维护好了，也可以为零售企业带来巨大的价值。

## 新起点：大数据助推零售业优化发展

零售业是大数据产生广泛应用的领域，客户以及销售行为产生的大量数据对零售业来说是一种无形的资产。利用数据和商业分析结果来指导决策，可以帮助零售企业优化发展。在互联网时代，大数据俨然已经成为商业智能化、优化商业运营效率的利器。利用大数据进行精准营销将是零售业新的起点。

### 大数据成为开启零售业宝藏的“金钥匙”

大数据这一概念是在最近几年才火起来，但它并不是新生事物。每个企业都会通过不同的渠道掌握一定的大数据，比如企业通过会员卡可以了解到客户的年龄、性别、消费次数、消费频率等信息，这些看似杂乱无章的信息汇集起来就变成了大数据。在大数据的概念还不像今天这么火爆的时候，由于缺乏相应的技术，很多大数据都没有发挥出其巨大的潜质，然而，随着互联网的不断普及，大数据巨大的威力逐渐凸显出来，不只是像BAT这样的互联网巨头开始运用大数据，线上线下的很多零售企业都开始把大数据当作优化企业发展的重要工具。

对零售企业而言，大数据不能直接产生利润，但它却是企业无形的财富，大数据可以帮助企业定向促销、优化门店产品陈列、优化购物中心品类、优化产品定价、调整产品线、优化不同商品存货、优化商场运营设施、优化业态调整，等等。

ZARA是欧洲著名的快时尚品牌，在ZARA的门店里，柜台和店内的各个角落都装有摄影机，店经理随身带着PDA，目的就是为了记录客户的每个意见，如客户对衣服图案的偏好、扣子的大小、拉链的款式之类的小举动。这些微小的细节都会被传到ZARA内部全球信息网络中，根据这些资料，总部做出决策后会立即传送到生产线，改变产品样式。

ZARA的每一个店面每天都会对销售人员结账、盘点每天货品上下架情况，并对客人购买与退货率做出统计。再结合柜台现金资料，交易系统做出当日成交分析报告，分析当日产品热销排名，然后，数据直达ZARA仓储系统。以市场销量决定终端设计生产数量，并在极短的时间内快速调整生产，这个是ZARA成功的SPA模式的核心精髓。

大数据能否发挥它的价值取决于企业的经营者是否拥有互联网思维，如果企业有意识地积累大数据，并把它充分运用到企业发展中，大数据就是助推企业发展的营销利器。反之，如果企业对大数据不重视，即使企业积累了大量的大数据，也只能成为企业发展的鸡肋。近年来，互联网技术的进步推动零售业进入大数据时代，不管是电商还是传统零售商，都开始积极探索运用大数据。

至于获取大数据的方式，线上和线下的企业则是各有妙招。线上可以通过微信、APP营销，交互引流；线下可通过互动承接屏记录到店用户需求，WIFI、支付及后验证体系来实现，但殊途同归，这些大数据最终都将成为推动零售企业发展的利器。

大数据的运用是线上线下企业互动融合的共性之一，随着互联网技术的不断发展，大数据正在成为开启零售业宝藏的“金钥匙”，能更好地挖掘和引导消费需求，帮助零售业做出更加理性的商业决策，助推零售业优化发展，从而获得更高的利润。

**打破数据壁垒，线上线下需携手**

在过去，多数传统零售企业缺乏对大数据价值的认知，并没有把大数据视为重要的资产去管理，导致很多企业的数据冗长而繁杂，毫无条理，再加上数据管理技术薄弱，缺少数据分析团队，导致大数据没有充分发挥出价值。此外，传统零售业收集数据的方式有限，造成了消费者行为数据的缺失，无法形成完整的大数据。综合以上因素，大数据在传统零售业的运用并不太成功。

随着互联网技术的不断发展以及线上线下融合速度的加快，零售业运用大数据的技术在提高，方式也越来越灵活，就连人们日常生活中最常见的 WIFI 都成了企业获取消费者数据的手段。

在没有互联网之前，实体门店要想知道门店的人流，就只能依靠视频监控来数，但现如今，银泰百货只铺设了 WIFI 就成功解决了这一问题。随着智能手机的普及，WIFI 对消费者就像空气一样重要，很多消费者到了大型商场都会主动搜索 WIFI。银泰正是看中了这一点，才会成功利用互联网、移动互联网来获取消费者的信息，帮助实体店进行精准营销。消费者只要进入银泰，打开 WIFI，一旦通信 ID 接近服务范围，移动终端就会接收到门店发送的推送信息。消费者输入的手机号码成了重要的身份识别入口，只要第一次进入门店注册后，今后再进入任何银泰实体店，都会自动帮助用户建立 WIFI 连接。

通过 WIFI 采集到用户通讯 ID 只是第一步，接下来银泰会依靠其合作伙伴“百分点科技”，在百分点的数据库中收集大量互联网人群的行为轨迹，尤其是网购方面，百分点能精准掌握用户过往在全网的消费记录，分析其个人偏好。依据这些数据，银泰会有的放矢地向客户推送相关信息，实现精准营销。

传统零售企业通过互联网获取大数据的同时，线上的企业也在往线下延伸，但是相比于线上，线下获取数据更为困难。即便如此，很多传统零售企业也不愿意向电商开放数据，而对于掌握着大量大数据的互联网企业来说，和线下零售企业走到一起也不太现实，这在无形中让线上线下的大数据产生了壁垒。如果这一环节长期不能打通，势必会影响零售业的整体发展。由此看来，O2O 模式只是在某种形式上促使线上线下走到了一起，而想要真正地实现融合，也没有想象的那么简单。

在未来的发展中，打破数据壁垒，让数据流动起来，实现数据共享是线上线下企业共同的责任，特别是线下传统的零售企业，要逐步适应互联网开放的特性，改变以前封闭的工作方式，主动与线上企业合作，真正实现数据的流通。毕竟，数据只有流动起来，其价值才能最大限度地发挥出来。

**零售公开课**

只有打破数据壁垒，才能真正挖掘大数据的巨大价值。虽然实现起来有些困难，却是零售业发展的一个重要方向。

## 新势力：线上与线下的深度融合

O2O 是零售业发展的必然趋势，在未来的发展中，线上与线下既会博弈，也会进行深度融合，看似矛盾，却是未来商业的发展主流。O2O 的深度融合实施起来并不容易，线上与线下的支付手段、库存、消费者等因素有着很大的差别，想要突破这些关卡并不容易。但不管怎样，O2O 的发展还在继续，线上与线下的深度融合正在形成零售业的新势力。

## 打通线上线下融合渠道

“互联网+”风头正劲，电子商务生态圈雏形凸显，零售业已经实现了线上线下的链接，下一步需要做的就是深度的融合。

在过去，电商和实体零售店各卖各的，不会产生什么交集，但随着O2O模式的崛起，这种局面被打破了。如今，在大型超市里你可能会看到有客户拿着手机扫产品的条形码和二维码，他极有可能是在网上购物。作为中国电子商务的鼻祖，2015年3月8日，阿里巴巴自掏数亿元补贴用户，选择食品、个人洗护和母婴用品等最常用的生活必需品近千万件，消费者只需要登录手机淘宝，扫一扫活动商品相关条形码，进入购买页面后，就可获得商品最高5折的减免优惠，每个用户最高补贴100元。

消费者上网购物无非就是图个便宜和便利，但时效性却差了很多，而在实体店购物，时效性有了保证，但价格却得不到优惠。随着线上与线下的深度融合，扫码购物或许将成为网上购物与线下实体店购物之外的第三种购物方式，消费者可同时享受线上与线下购物的优势。

在商场里，我们能经常看到以下场景：女士在试衣服，陪同的男士在玩手机；逛街逛累的客户坐在商场的凳子上一人抱一个手机在上网……随着智能手机的普及，人们对网络的要求越来越高，特别是WIFI，已经成为人们生活中不可或缺的组成部分。

2015年3月6日，“微信连WIFI”申请入口正式对外开放。同时，申请入口也同步在微信公众平台的商家后台发布，开通微信认证公众号的线下实体商家，也可通过微信公众平台申请。用户无须再输入WIFI账号、密码，通过微信扫码等方式即可快速上网。WIFI的普及，不仅实现了消费者在购物期间轻松上网的需求，增强客户黏性，还能通过WIFI搜集消费者的大数据，通过精准营销提高企业的销售额，成为企业调整策略的重要依据。

对于大商场来说，WIFI的普及并不全是好事，一旦商场的网络变得更发达，“在商场试衣服，上淘宝代购”可能会成为商场的噩梦。对于消费者来说，上网方便的背后是对个人隐私可能会被泄露的担忧，所以，WIFI 能否得到双方认可还需要时间的检验。

阿里巴巴和银泰商业的“联姻”便是线上与线下深度融合的典型代表。2014 年 3 月 31 日，阿里巴巴和银泰商业共同宣布，阿里巴巴将以 53.7 亿港元对银泰商业进行战略投资。线上与线下两大巨头的合作，无疑是推动实体商业与互联网经济双向融合的一次重要尝试，双方优势资源的整合将会创造出一套打通线上线下未来商业基础设施的新体系。无独有偶，京东与 15 座城市的上万家便利店达成战略合作，试图借助便利店在 O2O 领域跑马圈地，构建 O2O 新业态。

线上线下的融合势不可挡，O2O 在发展，融合在继续，打通线上线下融合渠道还需要实体店与电商付出更多的努力。只有双方真正实现了融合，O2O 模式才能真正成为“互联网 +”时代最耀眼的模式。

## 新势力，引发 O2O 领域新一轮洗牌

随着 O2O 的不断深入，零售业的一批新势力正在悄悄崛起，这批新势力中，有互联网大佬，也有传统零售业的泰斗，他们率先打破了线上与线下融合的壁垒，成了 O2O 领域的先行军。

对于传统零售业而言，O2O 模式可能是最后的机会，如果“王健林们”与“马云们”能够放下成见，积极融合，就可以达到双赢的效果。

以国内的商业购物中心为例，他们做 O2O 的模式主要有 3 种：自建平台；与互联网企业合作，以自由品牌为主；依托第三方平台。无论是哪一种方式，都离不开线上与线下的深度融合。

做 O2O 的前提，是要拥有客户的大数据。这一点是西单大悦城做 O2O 最基础的依据。西单大悦城的数据采集，主要依靠 WIFI 和 Beacon 蓝牙系统。通过对 WIFI 和 Beacon 蓝牙系统大数据的采集、交换和分析，西单大悦城拥有了曾经进入西单大悦城的 3000 万客户的大数据，并给其中许多客户贴上了多达 20 多个可识别“标签”。根据这些标签，西单大悦城依据数据分析不断改造了商场的动线、商户等现实布局，并在半年时间

里依靠WIFI上网系统引导等，积累下17万个线上会员。通过努力，西单大悦城成功实现了两个闭环：其一，线上“飞逛街”购买，线下实体店取货；其二，线上发券，引导到线下完成消费。商城还提供了大量增加黏性的服务：线上等位、实时引导找车位、卖场现场“飞支付”等。

万达、王府井、银泰、大悦城，这些线下的零售巨头们试图通过O2O找到翻盘的机会。互联网大佬们也没闲着，像百度、阿里、腾讯都忙着在O2O领域排兵布阵，希望抓住生活服务电商化的机会，把触角延伸到线下，抢滩更多的市场。

百度首席产品架构师孙云丰曾勾画出百度O2O蓝图：依托地图服务将消费信息深度覆盖到餐饮、电影院、KTV、商场、酒店、公交、超市、公园景点等全门类服务，开发独立的APP满足用户特点需求，并利用UGC（user generated content，用户生成内容）和PGC（专业生产内容）方式共建LBS（基于位置服务）生态圈。腾讯则凭借着2亿微信用户量与电商、支付功能进军O2O。阿里巴巴就更不用说了，它是BAT中最早布局O2O的企业，线上与线下业务的整合也最为成熟。

不管怎么说，中国O2O市场目前依然处于早期的发展阶段，线上线下的融合还没有达到预期值，这对线上线下的企业来说都是巨大的机遇，因为O2O有可能是互联网领域下一个亿万级的市场。线上与线下的深度融合可能会导致零售行业的重新洗牌，到时候必然会诞生一批新生力量，所以，如果零售企业想要赢得未来，从现在起就必须要积极布局，争夺O2O阵地。

### 零售公开课

居安思危是零售企业必须具备的素质。

互联网时代，行业每时每刻都在发生着变化，在某个环节落后一小步都有可能跟不上行业的步伐，所以企业必须时刻保持警惕，关注变化，以防被踢出局。